包括システムによる
ロールシャッハ臨床

エクスナーの実践的応用

藤岡淳子 著

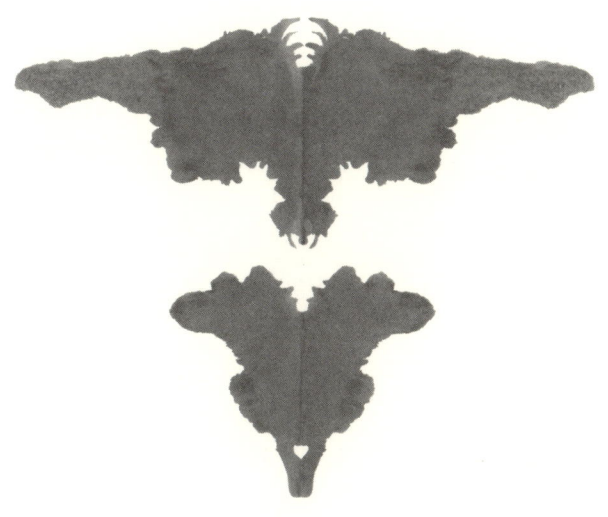

誠信書房

はじめに

　「ロールシャッハ」は，摩訶不思議な検査である。使う人は使うし，使わない人は使わない。まあ，当たり前といえば当たり前だ。使わない理由としては，専門的で，習得までに時間とエネルギーを要する，記号化が面倒，うさんくさい，信用できない，心理テストは嫌い，等々があろう。使わない人にとっては，ロールシャッハ用語は特殊すぎて，意味をなさないようにみえる。一応やるとしても，「参考までに」といった位置づけで，「当たるも八卦，当たらぬも八卦」といったところなのかもしれない。ロールシャッハ法は病院臨床場面などでは，精神科医らからの依頼を受けて，臨床心理士らによって実施，解釈，報告されることが多く，その「報告書」が，こなれていないロールシャッハ語満載で，書いている本人にさえ実はよくわかっていないのではないかと思われるようなものでは，読んでいる者にとっても「おみくじ」程度のものになっても仕方ないともいえよう。

　だとすれば，さっさと廃れてしまってもよさそうなものであるが，これが意外にしぶとく，好きな人は好きで，臨床心理を生業とする者にとっては，習得しているべき基本的技術の一つとさえ位置づけられている。かくいう筆者も，ロールシャッハ法を学び始めてから，かれこれ21年になる。長くやっていればよいというものでもなく，途中3年間ほどは，ロールシャッハから離れ，また常に関心の中心にあったわけではないが，それでもずっと目の端にロールシャッハ法は入っていた。

　昨年，転職をし，大学院で，包括システムによるロールシャッハ法を教えることを始めたが，「これだ！」という教科書，入門書が見当たらなかった。もちろん御大エクスナー先生の著作の翻訳を用いるのが最適であろうが，『現代ロールシャッハ・テスト体系』[11)][12)]は第1巻の初版の翻訳であり，現在使われ

ている第 4 版とでは異なる点が多く，また大部であって，初心者には使いにくい点が多々あると思われた。あるいは，ワークブック[7]とプライマー[8]または，包括システムを日本に適用した高橋・高橋・西尾先生の入門書[2]を使うことも可能であるが，こちらは体系とは逆に，いずれも贅肉がそぎ落とされすぎていて，スコアリングや構造一覧表の作り方，解釈へのステップといったテクニカルなことを学ぶには十分であるが，一見無駄にも思えるが，臨床的には一番おいしい（ジューシーな）部分が味わいきれないという恨みが残った。また，エクスナーによる米国人の標準データを使うのか，高橋らによる日本人の標準データを使うのかということも慎重に考慮する必要があった。そのうえ，どちらもスコアリングと解釈のテキストが分かれており，解釈を前提に施行やスコアリングを学ぶという視点が不充分であるように思えた。

筆者には，「おもしろくなくても大切なことはこつこつとやり続ける」という美点が欠けており，たとえ地味に技法を教えるにしても，その背景となるロールシャッハ法の仕組みや心理検査としての位置づけ，そして何より，ロールシャッハ検査を実際の臨床場面でどのように生かすか，120％使い倒すかということを伝えなくては，教えている喜びや，そしておそらく，学ぶ喜びも半減するのではないかという気持ちが強い。また，解釈に際しては，エクスナーの解釈のテキストに示されているような，ステップを踏んで「可能な所見」にあたっていくやり方は，あまりにステップにとらわれすぎて，「木を見て森を見ず」という状態に陥りやすいのではないかと筆者は危惧している。特に初学者の場合，解釈仮説の「おみくじ」をひいて，それをつなぎ合わせるということになりやすいという印象がある。無謀にも，「見当たらないのであれば，自分で作ってしまおう」と思ったのが本書である。これがいかに僭越な作業であるかということは，筆者自身がよくわかっている。

筆者のロールシャッハ法は，「包括システム」に基盤を置いている。世界的には包括システムが「世界標準」となっているが，日本においては，エクスナー博士の著作も翻訳出版されているものの，なかなかその真価が十分に理解されているようには思われず，依然として，片口-クロッパー式が「日本標準」

であるようにみえる。しかし，包括システムに対する「臨床的ではない」といった風評は，日本で包括システムを使っているわれわれの力不足を示すと同時に，片口-クロッパー式が『新・心理診断法』[23]という優れたテキストを有し，入門者に適切な方向づけを与えているのに対し，包括システムを臨床のなかに位置づけた，（翻訳ではない）日本語によるテキストがほとんどないことにもよっているのではないか。包括システムは，心理テストとしての信頼性・妥当性に留意した唯一のロールシャッハ法として，また国際的な共通語として，今後の日本のロールシャッハ・シーンに不可欠であると筆者は考えている。したがって，包括システムを学び，臨床的に活用するための入門書を，拙いながらも公にすることが，喫緊の課題であると思われた。

とはいえ，筆者は，ロールシャッハ法はエクスナーだけを学べばよいと主張しているのでは，もちろんない。ロールシャッハに始まり，多くの先達が積み上げてきた知見を活用しない手はない。かくいう筆者も，ロールシャッハ法を学び始めたのは，片口-クロッパー式からである。筆者のロールシャッハ法の基本は，当時順天堂大学におられた秋谷たつ子先生，そして前職である矯正の心理職の大先輩である，上芝功博先生，神原恵子先生，今村洋子先生らから受けた。その後，包括システムに関しては，エクスナー博士とワイナー博士から直接手ほどきを受ける幸運を得た。したがって，本書は，包括システムのスコアリングと構造一覧表，解釈手順や解釈仮説を中心とし，基盤としているが，それ以前に学んだ包括システム以外の諸先輩による知見も，出所不分明なまま，渾然一体となっているとお断りせざるを得ない。いわば本書は，エクスナー博士をはじめとする諸先輩方の知見を筆者なりに調理し，味つけをして，盛り合わせたもので，すべては彼らの業績に負っている。巻末に文献リストを加えてあるので，ぜひ直接，それら先人の知恵にあたってほしい。

本書は，ロールシャッハ法を使いこなす心理臨床の専門家にこれからなろうとする者，そしてロールシャッハ法の結果を参照する可能性はあるが，心理の専門家ではない者に理解しやすいよう，できるだけ平易で読みやすい記述と説明とを心がけた。これまでロールシャッハ法を教えてきたなかで，初学者がつ

まずきやすい点，多くの質問が出る点などに触れるようにも心がけた。本書における限界や誤解は，すべて筆者の理解や経験，技能の不十分さから生じている。ご意見，ご批判いただき，ロールシャッハ法をさらに臨床的に有用で，使い勝手のよいものにしていけるよう議論できればありがたい。

　末尾になったが，「ロールシャッハの本を書きたいかもしれないかもなあ……」と思い始めたちょうどそのときに，「書きませんか」と企画をもってきてくれた誠信書房の松山由理子さんに深謝する。エクスナー博士をはじめとする諸先輩方，たくさんの被検者たち，包括システムを学ぼうとする学生・後輩たち，そして松山さんなくしては，本書は生まれなかった。

目　次

はじめに　i

ロールシャッハ法を学び始める前に　1

第1章　ロールシャッハ法とは

1．ロールシャッハ法と五つのシステム　3
2．日本におけるロールシャッハ法の展開　5
3．ロールシャッハ法でなぜ性格を理解できるのか　8
4．ロールシャッハ法施行時に生じている心理的過程　9
5．スコアリング（記号化）の果たす役割　13
6．心理検査としての信頼性・妥当性　15

第2章　ロールシャッハ法を施行する（実施手順）

1．事前の準備　21
　1）用具の準備　21
　2）座る位置と検査状況の設定　24
2．検査への導入と動機づけ　27
3．自由反応段階　31
　1）教示と質問への答え方　31
　2）記　録　32

  3）反応数のコントロール 32
   （a）反応数を少なくさせすぎないための介入 33
   （b）反応数を増やしすぎないための介入 33
   （c）反応拒否（失敗）に対して 33
   （d）反応数 14 未満の場合 35
 4．質問段階 35
  1）目的と教示 35
  2）一般的質問とキーワードによる質問 36
  3）付加反応と反応の取り消しについて 37

第 3 章　スコアリング

 1．領域と発達水準および Z スコア 40
  1）領域（Location〈W, D, Dd, S〉） 40
  2）発達水準（DQ：Developmental Quality） 43
  3）Z スコア 45
 2．決定因 48
  1）形態反応　F（Form） 48
  2）色彩反応──有彩色：Color（C, CF, FC, Cn）と
   無彩色：Achromatic Color（C', CF', FC'） 49
  3）濃淡反応（shading〈T, V, Y〉） 52
  4）運動反応（movement〈M, FM, m〉） 56
  5）形態立体反応（Form Dimention〈FD〉） 61
  6）ペア反応（2）と鏡映反応〈rF, Fr〉 61
  7）ブレンド反応──複数の決定因をもつ場合 64
 3．形態水準（FQ） 66
 4．反応内容と平凡反応 68
  1）反応内容（Content） 68

2）平凡反応（ポピュラー；Popular） 71
5．特殊スコア（Special Scores） 74
　1）認知障害に関する特殊スコア
　　（DV, DR, INC, FAB, CON, ALOG） 74
　　(a) 不適切な言語表現に関するもの（DV, DR） 74
　　(b) 不適切な結合に関するもの（INC, FAB, CON） 77
　　(c) 不適切な論理に関するもの（ALOG） 80
　2）固執反応（PSV） 80
　3）自己知覚と対人知覚に関するもの
　　（MOR, COPとAG, およびGHRとPHR） 82
　4）特定の防衛機制に関するもの（PER, AB, CP） 84

第4章　構造一覧表の作り方

1．コンピュータによるスコアリング補助プログラム
　　について 92
2．スコアの継列表の作り方 93
3．構造一覧表の作成 94
　1）構造一覧表の上部（自殺指標〈S-Constellation〉を除く） 94
　2）構造一覧表の下部 97
　　(a) 統制に関するクラスター 97
　　(b) 感情に関するクラスター 99
　　(c) 対人知覚に関するクラスター 100
　　(d) 自己知覚に関するクラスター 100
　　(e) 情報入力に関するクラスター 101
　　(f) 媒介に関するクラスター 101
　　(g) 思考に関するクラスター 103
　3）構造一覧表の最下段 104

第5章　解釈の基本

1．アメリカ人のデータと日本人のデータ　105
2．クラスター分析の原則と解釈戦略について　111

第6章　解釈の進め方——事例を通して

1．クラスター分析の前に　121
　1）信頼性と妥当性の確認　122
　2）自殺指標の確認　122
　3）解釈戦略の決定　123
2．思考のクラスター　123
3．情報入力のクラスター　132
4．認知的媒介のクラスター　136
5．統制のクラスター　140
6．状況的ストレスのクラスター　143
7．自己知覚のクラスター　145
　1）継列分析　149
　2）各図版の刺激特性　150
8．対人知覚のクラスター　154
9．感情のクラスター　159

第7章　解釈のまとめ

1．報告書を書く際の留意点　167
2．結果を被検者に返す
　　——フィードバックの仕方と活用方法　172

3. 治療計画の策定と治療の効果評価に
　　ロールシャッハ法を活用する　174

文　献　177

付　録

スコア一覧表　181
領域図　187

包括システムによるロールシャッハ臨床
：エクスナーの実践的応用

ロールシャッハ法を学び始める前に

　ロールシャッハ法の図版を見たことがない人は，まず，図版を見てみよう。ロールシャッハ法は，決められた順番に提示される10枚の「インクのしみ」の図版で構成されている。これらの図版を被検者に見せ，「何に見えるか」を問うことによって，その性格の一端を理解しようとするものである。

　ロールシャッハ法のポイントは，被検者が「どこに，何を，どのように見たか」（実際にはもう少し複雑であるが，基本はこれである）を記号化するところにある。詳しくは第3章に述べるが，まず大事な情報は，「どこに」である。よく見られる領域について，図版ごとに番号をつけたものがロケーションチャート（領域図）である（本書の付録「領域図」参照）。

　特定の領域に見たものが，実際の形と一致しているかどうかによって「形態水準」と呼ばれる記号をつけるが，形態水準に関しては，多くのデータを集め，その結果，よく見られる領域と対象と形態水準を表にしたものが出版されている。

　エクスナー博士によって，米国人の標本で作成されたものがExner, J.E. (1995)：*Rorschach form quality pocket guide.* 2 nd ed. Rorschach Workshops. (中村紀子，津川律子，店網栄美子，丸山香訳〈1999〉『ロールシャッハ形態水準ポケットガイド　第2版』)であり，日本人の標本で作成されているのが，髙橋雅春，髙橋依子，西尾博行著（2002）『ロールシャッハ形態水準表』である。

　本書には，形態水準表は掲載されていないので，上記のエクスナーか髙橋らのどちらかの形態水準表を入手する必要がある。詳しくは第5章に述べるが，どちらを使うかについては一長一短があり，判断を保留したい。筆者は，現在のところは米国版を使っているが，今後は日本人のデータベースを拡張充実さ

せ，日本人の形態水準表を使う方向に進むべきであろうと考えている。

　なお，ロールシャッハ法は，心理臨床における専門技能であり，ロールシャッハ法の技能のみならず，心理臨床の技能と倫理を身につけたうえでのみ活用されるべきものである。また，施行法，スコアリング，解釈を行なえるようになるまでには，かなりの時間とエネルギーを要するので，「ちょっとおもしろそう」といった動機では学習は長続きしないことも確かである。

　したがって，本書は入門書ではあるが，プロの臨床心理士を目指す人が，ロールシャッハ法を臨床現場で活用できるようになるために，臨床心理学専攻の大学院あるいは心理臨床の現場で，先輩の専門家の指導を受けつつ学習することを，基本的には想定している。

第1章
ロールシャッハ法とは

1．ロールシャッハ法と五つのシステム

　ロールシャッハ法とは，文字通り，ヘルマン・ロールシャッハという精神科医が考案した「インクのしみ」の検査である。ときは，第一次世界大戦の頃，当時ヨーロッパでは，「インクのしみ」を作って何に見えるかということを楽しむ遊びが一般的にあり，幼い頃からその遊びが好きだったヘルマンが，*Psychodiagnostik*（『精神診断学』[27]）を出版したのが，1921年9月である。「インクのしみ」を使った研究はほかの研究者も行なっていたが，データを積み重ね，反応内容よりも，把握の型を探り，スコアリングをしたことにヘルマンの独創性があったとされる。ところが，翌年4月に，ヘルマン・ロールシャッハは，37歳の若さで，急性虫垂炎による腹膜炎で亡くなってしまった。

　生後間もなく産みの親を亡くしたロールシャッハ法は，その後アメリカに渡り，1930年代から50年代にかけて，育ての親ごとにさまざまな展開を遂げることになる。エクスナーによれば，ロールシャッハ法は一つと思われているが，実は，同じ刺激図版を使い，ヘルマン・ロールシャッハの原スコアと基本的解釈仮説をほとんど取り入れているということは共通しているが，相違点も大きく，着席法・教示からスコアリングまで異なり，したがって解釈も異なる，比較不能な「五つの別の検査」となった。

　一つは，データの積み重ねを重視するベックとヘルツの流れであり，もう一

つは，ヨーロッパからアメリカに移住してきた，個別的・臨床的アプローチを重視するクロッパーの流れである。1937年には，ロールシャッハ法を巡って，ベックとクロッパーとの間で大きな論争が生じ，ヘルツが仲介を試みるも妥協・和解することはなく，ロールシャッハ法は，シカゴ大学のベック，カリフォルニア大学のクロッパー，ウエスタン大学のヘルツという三つのシステムに分かれた。その後，神経生理学的アプローチを重視するピオトロフスキー，精神分析的アプローチをとるラパポートが，それぞれのシステムを公にし，第二次世界大戦後には，五つのシステムがそれぞれの展開をみせていた。

ロールシャッハ法が各システムそれぞれの展開をみせていたころ，アメリカでは，折しも投影法が盛んになり，精神力動論の影響と，ロールシャッハ法の非構造性からくる反応の多様さとあいまって，ロールシャッハ法は代表的な投影法の一つとして位置づけられることになった。しかし，エクスナーによれば，ロールシャッハ法は投影法ではない。

19世紀末にフロイトによって「状況が不明確なとき，感情や思考の内的知覚が，外界の解釈に用いられる」として投影が概念化されてから，1938年にマレーが，「あいまいな状況を解釈するとき，自身の性格をさらけだす」としてTATを考案し，投影の概念と心理測定法に接点が生じた。その後1940年代，50年代には投影法が全盛期を迎え，投影の概念が拡張され，混乱を来たし，投影法の代表として位置づけられたロールシャッハ法も，反応のすべてを投影として解釈しようとする誤った傾向が生じた。「ロールシャッハ法において投影は生じ得るが，必ずしもすべてに生じるわけではない」というのがエクスナーの考えである。

時代は変わり，臨床心理学における検査の役割が，鑑別診断から，治療計画の策定や予後の予測に拡がっていくなかで，それまでのロールシャッハ法がもっていた，「異なるシステムが並列している」そしてなにより「標準化されていない」という弱点から，ロールシャッハ法は行き詰まってしまった。こうした状況を打開し，ロールシャッハ法に新たな展開をもたらしたのが，ジョン・エクスナー博士の包括システムである。

エクスナーは，（彼の話によれば）孤児院で育ち，1955年の朝鮮戦争にパイロットとして従軍したが，撃墜され，腰を痛めてアメリカに戻り，朝鮮戦争後，ロールシャッハ法を学び始めている。表1-1を見るとわかるように，その頃は，各システムの創始者たちの晩年にあたり，エクスナーはそれぞれの教えを直接受けることができ，かつそれを比べることもできた。孤児であったエクスナーが，「本当の親探し」のように，各システムの創始者たちのドアをたたき，そこから自らのシステムを作っていったと考えてよいであろう。1968年にロールシャッハ研究財団を設立したエクスナーは，①ロールシャッハ検査の使われ方に関する調査，②4000以上の文献の精査，③各システムのプロトコルのデータ蓄積によって，各システムを比較検討し，*The Rorschach systems*[18]にまとめた。

時代はちょうどコンピュータの急激な発展のときにあたり，この新しい強力な道具を使いこなして，エクスナーは，膨大なデータを処理し，各システムの実証可能で，妥当な仮説をまとめて，包括システムを作っていった。「ロールシャッハ法は魔法の杖ではない。精神測定的アプローチの確立が必要である。テスト刺激が，どのように複雑な心理現象を生じさせ，行動へと移させるかについて解明していくことが大切である」というのが基本的な姿勢である。1974年に*The Rorshach*[17]の第1巻 第1刷が出版された（『現代ロールシャッハ・テスト体系』上・下）[11][12]。その後，データの集積によってかなり大きな修正も加えられ，ほぼ完成したのが，1993年の第3版である。包括システムはその後も変化し続けており，第1巻に関しては，1997年の第4版が最新版となっている。

2．日本におけるロールシャッハ法の展開

日本でも，『精神診断学』の出版後間もない1925年に，すでに早稲田大学の内田勇三郎はロールシャッハ検査に注目し，京都大学の岡田強，大阪大学の堀見太郎といった先生方が，その後のロールシャッハ検査の日本における発展の

表 1-1　ロールシャッハ法の歴史的展開

1919 年　第一次世界大戦終了
1921 年　ヘルマン・ロールシャッハ　"*Psychodiagnostik*" 公刊
1922 年　ヘルマン死亡，37 歳，急性虫垂炎による腹膜炎

1934～50 年　各システムに相違が生じる
　　　　　クロッパー　　　1922 年　ミュンヘン大学で ph.D. 取得
　　　　　　　　　　　　　 33 年　スイスでロールシャッハ法を始めた後，渡米
　　　　　　　　　　　　　 36 年　"*Rorschach Research Exchange*" 創刊
　　　　　　　　　　　　　 39 年　Rorschach Institute 設立
　　　　　　　　　　　　　 54 年　"*Developments in the Rorschach Technique*" 出版
　　　　　ベック　　　　　 1932 年　コロンビア大学でロールシャッハ法に関する研究で ph.D. 取得
　　　　　　　　　　　　　 33 年　チューリッヒ留学
　　　　　　　　　　　　　 49 年　"*Rorschach's Test*" 出版
　　　　　ピオトロフスキー 1927 年　ポーランドで ph.D. 取得後，渡米
　　　　　　　　　　　　　 34 年　クロッパーのセミナーで学ぶ
　　　　　　　　　　　　　 38 年　クロッパー法から離れる
　　　　　　　　　　　　　 57 年　"*Perceptanalysis*" 出版
　　　　　ヘルツ　　　　　 1932 年　ウェスタン・リザーヴ大学で ph.D. 取得
　　　　　ラパポート　　　 1938 年　ハンガリーで ph.D. 取得後，渡米
　　　　　　　　　　　　　 46 年　"*Diagnostic Psychological Testing*" 出版

第二次世界大戦

各システムそれぞれの展開

1955 年　朝鮮戦争
1958 年　エクスナー，コーネル大学で ph.D. 取得
1960 年　ラパポート死亡　49 歳
1969 年　"*The Rorschach Systems*" 出版
1971 年　クロッパー死亡
1974 年　"*The Rorschach*"　vol.1　1 st ed.
1978 年　　　〃　　　　　　 2　　〃
1986 年　　　〃　　　　　　 1　 2 nd ed.
1991 年　　　〃　　　　　　 2　　〃
1993 年　　　〃　　　　　　 1　 3 rd ed.
1997 年　　　〃　　　　　　 1　 4 th ed.

〈日本〉

1930年頃	早稲田大学内田勇三郎，京都大学岡田強，大阪大学堀見太郎各教授が日本にロールシャッハ検査を紹介
1946年	黒田重英「ロールシャッハ・テスト研究」で博士号取得
	長坂五朗ロールシャッハ法研究を始める
1956年	『心理診断法』(片口安史著，牧書店)
1957年	東京ロールシャッハ研究会設立
	（代表：片口安史代表）
	関西ロールシャッハ研究会設立
	（代表：辻悟，河合隼雄，藤岡喜愛）
1958年	『精神診断学』(東京ロールシャッハ研究会訳，牧書店)
	『ロールシャッハ研究』(東京ロールシャッハ研究会編) 創刊
1964年	『ロールシャッハ・テクニック入門』(河合隼雄著，ダイヤモンド社)
1972年	『精神力動論』(小此木啓吾・馬場禮子著，医学書院)
1975年	『ロールシャッハ・テストの体験的基礎』(空井健三・上芝功博訳，みすず書房)
1980年	『知覚分析』(上芝功博訳，新曜社)
1987年	『これからのロールシャッハ』(辻悟ら著，創元社)
1991年	『現代ロールシャッハ・テスト体系』(高橋雅春ら訳，金剛出版)
1994年	『ロールシャッハ解釈の基礎』(藤岡淳子ら訳，岩崎学術出版社)

基盤を作っている。昔の人は偉かったといったところである。

　第二次世界大戦後の発展と展開は，表1-1にも示されているように，東京と関西のロールシャッハ研究会を軸として，多くの先人の活躍を得て，各地で臨床場面において活用されるようになった。そのあたりのことは，『これからのロールシャッハ──臨床実践の歴史と展望』[24]に詳しい。スコアリングシステムも，片口-クロッパー法，阪大法，名大法と日本においても，さまざまなアレンジを加えられ，それぞれに分かれていった。同じロールシャッハ法を使っていながら，方法が異なると，情報の交換や共有，議論や比較検討も難しいという状況が日本でもあると，筆者は感じている。

　興味深いことに，エクスナーと片口は，ほぼ同世代である。以前，古い *Journal of Assessment* 誌を眺めていて，エクスナーのワークショップの広告と，片口のカロ（ちなみに片口-ロールシャッハである）インク・ブロットの

広告とが同じ頁に掲載されているのを発見して，何やら感慨を受けた記憶がある。エクスナー自身もロールシャッハ法の学会で片口に会ったことがあり，彼が「日本人の瞳は欧米人に比べて扁平なので，カロ・インク・ブロットも横長なのである」と述べていたと，エクスナーから聞いたことがあるが，真偽のほどは確かではない。

　私事で恐縮であるが，筆者も少年鑑別所で心理査定の道具として，片口-クロッパー法によるロールシャッハ検査を学び，5年間使い，その後，少年院という処遇の場に移って，ロールシャッハ検査に行き詰まりを感じていた。そのとき出会ったのが，包括システムであった。アメリカで社会学を学んでいたのであるが，ついでに聞いてみたエクスナー博士のロールシャッハ法が，これまで学んできたロールシャッハ検査と似てはいるが，別ものに思えたのである。

　実は，それ以前にも秋谷たつ子先生の勉強会で，エクスナーの *The Rorschach* を読んではいたのだが，当時の日本では，包括システムも，ほかのシステム同様，「システムの一つ」といった紹介のされ方をしていたように，筆者は感じている。少なくとも筆者にはそのようにしか理解できていなかった。それはおそらく，第二次世界大戦後の日本におけるロールシャッハ法の発展と包括システムの発展とが，同時並行であったためであろう。しかし，エクスナー博士およびワイナー博士のワークショップに出て，その話と事例解釈に接し，包括システムは単に「もう一つのシステム」ではないという感を強め，行き詰まっていたロールシャッハ法の使用に活路を見出した気がした。筆者が感じた，包括システムとそれまでのほかのシステムとの違いとは，一体何であるのか。一つは，包括システムにおいては，実証データの裏付けをもって，ロールシャッハ法の反応過程が説明されていたことである。

3．ロールシャッハ法でなぜ性格を理解できるのか

　あんな「インクのしみ」10枚に，「何が見えるか」を答えるだけで，なぜ答

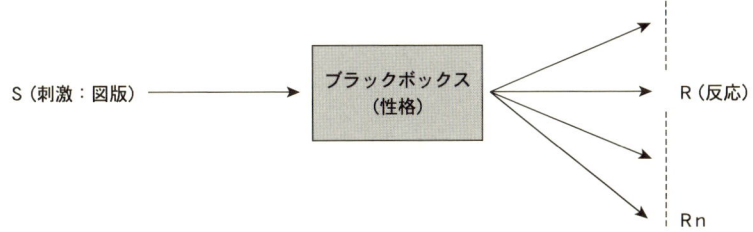

図1-1　性格検査としてのロールシャッハ法の仕組み

えた人の性格が「わかる」のか。不思議だし，何だか眉唾のような感じがしてもおかしくはない。しかし，原理は，単純と言えば単純である。それは図1-1のように示すことができる。

　すなわち，定められた10枚の図版という一定の刺激（S）を一定の施行法で被検者に与えると，中身がよくわからない「性格」と呼ぶブラックボックスで処理され，その結果，いくつかの反応（R）が提出される。これらの反応は多様ではあるが，こういう反応をする人びとはこういう「性格」であるというデータの積み重ねにもとづいて，この多様な反応を整理するためのいくつかの基準に照らし合わせると，Rからブラックボックスの中身を推測することが可能になる。こうした刺激と反応によるブラックボックスの推測は，心理学の基本的な研究方法の一つであり，MMPIや5因子法といった質問紙法による性格検査と原理的に変わるところはない。ただ，ロールシャッハ法では，質問紙法に比べて，刺激も反応も段違いにその複雑さを増すだけのことである。したがって，その整理方法にも相応の大胆さと綿密さが必要となるが，それだけに，性格に関して得られる情報もまた格段に豊かなものとなり得る。

4．ロールシャッハ法施行時に生じている心理的過程

　10枚の図版を提示されたとき，被検者の心のなかではどのような過程が生じているのか，エクスナー（Exner, 1993）[15]に従って，もう少し詳しく検討してみよう。

表1-2　反応過程の段階と心理的操作

段階 I	段階 II	段階 III
1　刺激野をコード化する	3　反応の候補を精製するために刺激野を再走査する	5　残った候補から最終的に反応を選択する
2　コード化されたブロットを分類し，反応の候補を作る	4　一対比較または検閲によって，使えないあるいは望ましくない反応を振るい落とす	6　選択された反応を工夫して表現する

(Exner, 1993)

　ロールシャッハは，「反応過程は知覚・統覚の過程であり，刺激を記憶痕跡に一致させようとする意識的努力により，反応が形成される。想像力はこの検査の基本的過程とは関係がなく，反応の修飾にのみ表われる」と考えていたが，エクスナーはこの考え方を踏襲し，ロールシャッハ法を課題解決作業とみなした。すなわち，ロールシャッハ法施行状況とは，「ブロットを実際にはそうではない何かに変換することを強いている状況であり，刺激を誤って何かに見なければならないという要求が複雑な心理的操作を刺激し，意思決定や反応を表現する活動を引き起こす」のである。この反応の過程は，表1-2に示されている三つの段階と心理的操作に分けられる。すなわち，第I段階「コード化と分類」，第II段階「序列化と取捨選択」，第III段階「最終選択と表現化」である。

　エクスナー博士が1993年に初来日した際の講義の出だしを，筆者はよく覚えている。第I図版をOHPで映写して，「何に見えますか」と参加者たちに問いかけたのである。参加者の反応をいくつか収集したうえで，博士は以下のように続けた。「第I図版に世界中の人びとの80％が，コウモリ，チョウまたは鳥といった羽のあるものを答えます」と。続いて今度は，I図版の両脇の羽のように見える部分を削除した図を映写して見せ，再度「何に見えるか」とたずねた。今度は，「コウモリ」といった反応は皆無で，「顔」といった反応が多かった。これも世界中で共通だそうである。なぜならロールシャッハ法は，第一に「明白な刺激の分類」だからであるとエクスナー博士は説明した。はじめ

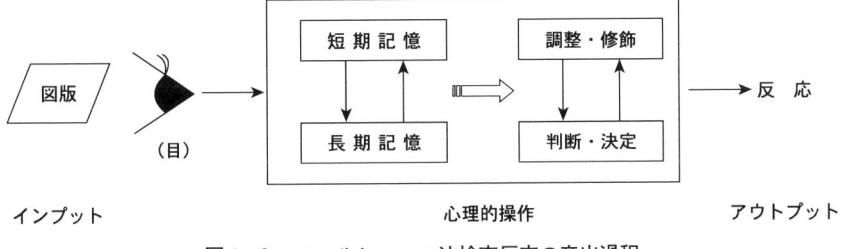

図1-2　ロールシャッハ法検査反応の産出過程

のオリジナルな第Ⅰ図版では，両脇の大きな部分が羽に見える，次のⅠ図からDd34（領域番号については第3章で説明する）を削除して変更された第Ⅰ図版では，羽に見える部分が削除されたため，四つの空白が突出して，目に見えてくる。したがって，それぞれ「コウモリ」と「顔」という反応が，文化を超えて多く見られるのである。

図1-2を参照されたい。まず，刺激（図版）が提示されると，被検者はその刺激を視覚情報として，目から脳に入力する。入力された視覚情報は，脳の短期記憶に貯蔵され，「何に見えるか」という教示された課題に従って，長期記憶に貯蔵された記憶痕跡と照らし合わされていく。その際には，無数の反応候補が産出されるが，反応として不適切と判断されたものが振るい落とされ，残ったものが言語化され，修飾され，さらに判断と調整が重ねられ，最終的に反応として出力されることになる。

ちなみに，産出される反応数は少なくて10数個から，多くて30数個，平均すると20数個といったところであるが，エクスナーの実験によれば，「60秒間に，できるだけ多く反応してください」と教示し，かつ反応1個に対して，10セントという強化を与えた条件では，健常者でも精神障害者でも，各図版に10個程度ずつ，合わせて100個以上の反応を産出したという。ただし，うつ病者だけは例外で，それでも平均60個程度であった。すなわち，1分間という短い時間で，たくさんの反応候補が作られるが，通常は，それらの候補を検閲し，反応として，この場で出すか出さないかを判断し，決定し，言語化をして，最終の反応を外に出すわけである。

エクスナーによれば，図版の視覚刺激を記憶痕跡と照合するまでは，「明白な視覚情報を分類する」という普遍的な過程であるが，反応を選別し，言語化する過程に被検者の個性が発揮されるという。したがって，すべての反応に同じくらい，「その人らしさ」が表現されるわけではなく，明白な刺激を一般的に分類できることを示すだけの反応と，その人らしさを如実に表わす反応とがあることになる。

　後者としては，図版本来にはない要素を取り入れて反応を作っているとき，それは被検者が独自に持ち込んだ要素として重視される。それらは，①動きの知覚（運動反応），②刺激を極端に歪めた知覚（形態水準がマイナスの反応），③特別な言語的修飾の三種類である。先に述べたように，エクスナーは，「ロールシャッハ法において投影は生じ得るが，必ずしもすべてに生じるわけではない」としているが，投影が生じている可能性が高いのが，この三種類の反応なのである。

　たとえば，（Ⅲ図版のD1領域に）「二人の人が重いものを一緒に持ち上げようとしている」という反応がなされたとして，実際には，「人」に見える刺激が，「一緒に持ち上げようとして」動いているはずはない。「動き」は，被検者が図版には本来ない特徴を持ち込んだ結果であり，それだけに被検者の内面をよく反映していると考えるのである。同じ領域に，動きを知覚せず「二人の人」を見るだけの人，「挨拶している二人の人」を見る人，「睨み合っている二人の人」を見る人等々では，それぞれ「個性」が異なることがありそうである。

　また，たとえば，これは日本人に比較的よく見られる反応であるが，Ⅹ図版全体で「顔」という反応をしたとする。たしかに「顔」に見えるが，実際には顔面を区切る顎の線はなく，目鼻が宙に浮いているものを，「顔」と知覚している。図版にはない，「顎の線」を勝手に引いているということで，この反応は見られる頻度が比較的高いにもかかわらず形態水準マイナス反応であるが，こうした刺激を自分流に歪めた反応にも，その人独自の個性や欲求が表現されやすいと考える。最後のⅩ図版に「人の顔」を見るというのは，「見られる存

在」としての自分に敏感である傾向が反映されていると推察することも可能であろう。

　三種類めの例としては，たとえば，Ⅰ図版全体で，単なる「コウモリ」ではなくて，「濡れて，地面に落ちて，死んでいるコウモリ」と反応したとする。「コウモリ」は，既述のように明白な刺激の分類であり，特別に個性を反映しているとはみなさないが，そのコウモリが，「濡れて，地面に落ちて，死んでいる」となれば，話は別である。外からのストレスである雨に濡れ，力つきて飛べなくなって地面に落ち，死んでしまったように無力な自分という内的な体験を表わしている可能性が考えられる。こうした言葉による特別な修飾は，多くの場合，特殊スコアと呼ばれるスコアが付けられるが，付かない場合もある。

　これらの「その人らしさ」が色濃く反映された反応を見つけ出し，いかに適切に読み込んでいくかが，被検者の内面に沿ってその人の世界を理解することにつながるし，臨床家としての腕の見せどころにもなるわけであるが，それは同時に，謙抑的な姿勢を求められるところでもある。たった一つの反応に「その人らしさ」が如実に表われていると感じられる反応もあり，それを読み込むことは重要であるが，同時に一つの反応は一つの反応であり，すべての運動反応，形態水準マイナス反応，特別な言語的修飾のある反応の傾向を見てそのなかに位置づけ，さらには反応全体，すなわちその人全体のなかに位置づけることが，より重要となる。詳しくは，解釈の章と事例に譲る。

5．スコアリング（記号化）の果たす役割

　ロールシャッハ反応の一つひとつには，スコア（記号）が付けられる。包括システムでいえば，一つの反応に少なくて5種類，多くて9種類のスコアが付けられる。たとえば，表1-3のようである。これが，慣れるまではけっこう厄介である。それに，ロールシャッハ法を学んでいない者にとっては，それこそ専門用語の最たるもので，これが出てくるだけで「理解不能の壁」が立ちはだ

表1-3 反応のスコアの例

領域	発達水準	決定因	形態水準	ペア	反応内容	平凡反応	Zスコア	特殊スコア
W	+	Mp.FD	o		H, Hh	P	ZW	
D	o	F	−	(2)	A			MOR

かる感さえあるかもしれない。しかし，このスコアリングの妙こそが，ロールシャッハ法をロールシャッハ法たらしめているゆえんでもある。

　ちなみに，包括システムでは，原則として，記号化が，単に分類し，名前を付けているだけの名義尺度である場合，コード（コーディング）という言葉が用いられ，順序尺度以上の場合，および記号化全般を指すときにはスコア（スコアリング）という言葉が用いられる。

　ヘルマン・ロールシャッハがロールシャッハ検査を考案した際に，単に反応内容のみではなく，反応の領域や，反応を決める刺激の特徴（決定因），そして反応内容に注目して，それらを記号化したことが，彼の天才であり，その後のロールシャッハ法の発展を約束したといわれる。各スコアは，認知機能，感情機能，自己知覚，他者知覚，自己統制等の心理的操作あるいは過程を表わすよう工夫されている。各スコアが表わしていると「仮定」されているものについては後述するが（第3章「スコアリング」），ある被検者が，平均的な二十数個の反応を出せば，百数十個から二百個程度のアルファベットだの，数字，記号だのが並ぶことになる。この一つひとつのアルファベットや数字や記号に過大な意味を見出すことは不適切であるが，数が集まることによって，被検者の行動傾向を表わすことができるようになり，全体として意味をなしてくる。すなわち，ロールシャッハ法を施行し，記号化することは，統制された施行条件下で，一定の刺激を与え，そこから被検者の行動標本を集め，その各標本に表われている心理機能や過程にかかわる記号を付けて，整理していく過程であるとみなすことができる。この記号を付けるという操作によって，統計的な処理やデータの集積が可能になり，心理検査にとって最も重要な信頼性・妥当性を担保することができるようになった。包括システムを他のシステムから分か

つものは，この心理検査としての信頼性・妥当性に関する配慮であると筆者は考えている。

6．心理検査としての信頼性・妥当性

　巷で雑誌などに見られる「心理占い」と心理検査とを区別するのは，その検査が標準化され，信頼性や妥当性が確かめられているか否かにあることは言うまでもない。しかし，包括システム以前のシステムは，そのことにあまりにも無頓着であったように思われる。そのことが，一時期，ロールシャッハ法に対する信頼を失墜させた一因ともなっていよう。記号化をして，計算し，「一見」科学的であるが，恣意的で，信頼がおけないということである。

　包括システムでは，健常成人をはじめとして，16歳未満の年齢ごと，統合失調症やうつ病など，さまざまな疾患単位ごとに，膨大なロールシャッハ法検査データが集積されており，標準データとして用いることができる。また，スコア者間のスコアの一致度に関する実証研究では，87〜99％の一致度が得られている。同一被検者の再検査による一致度では，mとYを除いて，信頼性に問題がない場合 0.7〜0.9 であることが確かめられている（表1-4の反応数平均群）。これは，心理検査としては良好な数字である。逆にmとYは，再検査による一致度が低いので，状況によって変動する状態を表わしていると考えられている。

　再検査の相関が高いことは，被検者が最終的に選択する反応の特徴には，強い一貫性があることを示している。被検者が再検査時に，「前の反応を思い出して，それとは異なる反応をしてください」と教示され，異なる反応をしたとしても，両方の検査のスコアと構造一覧表は驚くほどよく似ている。それを反応スタイルと呼ぼうと，特性，習慣と呼ぼうと，個人の持続的な特徴が，選択と決定のほとんどを方向づけるが，検査や検査状況への構えを含む短期間の欲求やストレスといった状況的要因も，反応の選択に幾分寄与していることを示唆している。

表1-4 それぞれ36人の被検者から成る2グループの検査−再検査の相関関係

(再検査の期間は4〜30日)

変数		反応数少群 プロトコルの一つが R＜14 r	反応数平均群 プロトコルが二つとも R＞14 r
R	反応数	.36	.87
P	平凡反応	.62	.89
Zf	Zの度数	.53	.82
F	形態反応	.48	.79
M	人間運動反応	.44	.87
FM	動物運動反応	.28	.74
m	無生物運動反応	.36	.28
a	積極的な運動反応	.41	.88
p	消極的な運動反応	.22	.83
FC	形態色彩反応	.34	.89
CF	色彩形態反応	.49	.71
C	純粋色彩反応	.33	.59
CF＋C	色彩優位の反応	.38	.84
SumC	重み付けされた 色彩反応の合計	.27	.86
T	純粋材質反応	.54	.91
C'	純粋無彩色反応	.28	.78
Y	純粋拡散反応	.09	.40
V	純粋展望反応	.62	.89
Ratios & Percentages			
L	ラムダ	.46	.83
X＋%	拡大良形態	.81	.92
Afr	感情の比率	.49	.89
3r＋(2)/R	自己中心性指標	.51	.87
EA	現実体験	.44	.86
es	刺激体験	.23	.71
D	Dスコア	.76	.92
Adj D	修正Dスコア	.61	.93

(Exner, 1993)[15]

表1-5 検査-再検査において同様の解釈的範囲を示した
17変数に当てはまるグループごとの組の数と割合

変数	対象群 プロトコルの一つがR＜14				統制群 両プロトコルとも R＞14 (N＝36)	
	両プロトコルとも L＜.86 (N＝8)		少ないプロトコルが L＞.99 (N＝28)			
	度数	%	度数	%	度数	%
EB	8	100	11*	39	33	92
eb	7	88	13*	46	35	97
D	8	100	21	75	35	97
Adj D	8	100	16*	57	36	100
a：p	8	100	15*	53	34	94
$M^a : M^p$	8	100	13*	46	33	92
FC：CF＋C	8	100	9*	32	36	100
Afr	5	63	7	25	35*	97
3r＋(2)/R	6	75	11*	39	35	97
L	7	88	6*	21	34	94
X＋%	8	100	24	86	36	100
X－%	5	63	18	64	32	89
Zd	7	88	13*	46	32	89
W：D	3	38	7	25	30*	83
W：M	2	25	6	21	31*	86
ALL H	4	50	11	39	33*	92
ISO：R	6	75	20	71	35	97

＊カイ二乗検定で有意差のあったもの（$p＜.05$） (Exner, 1993)[15]

　包括システムでは，総反応数が14未満の場合，そのプロトコルは信頼性・妥当性が担保できないとして，自由反応段階に引き続いて，（質問段階を行なわず）再検査を行なう（第2章「ロールシャッハ法を施行する」参照）。反応数が14未満のプロトコルは，14以上のプロトコルに比べて，再テストによる信頼性が著しく低いことが，エスクナー（Exner, 1993）[15]によって，実証されているからである。すなわち，表1-4の反応数少群では，反応数平均群に比べて，検査-再検査の相関係数が，著しく低下している。

あるいは，包括システムでは，いわゆる反応拒否あるいは反応失敗と呼ばれる，「ある図版に対して反応を一つも出さない」という選択肢は認めない。反応数が少なすぎることも，反応拒否（失敗）があることも，被検者の行動を適切にサンプリングできなかったことを意味していると考えるからである。適切に標本としての反応を収集できていなければ，次回施行したときには，全く異なる反応が表われるかもしれない。

とはいっても，反応数が 14 未満の場合，自動的にそのプロトコルを捨てるかというと，そういうわけでもない。反応数が少なくても，全体反応が多く，決定因の多彩なプロトコルは，被検者がロールシャッハ法の課題に真剣に取り組んだことを示しており，被検者の内面をそれなりに反映していることが期待される。気をつけなければいけないのは，反応数が 14 未満で，反応の半数以上が形態反応（$L \geq 1.0$；ハイラムダ）であるプロトコルである。表 1-5 に示されているように，反応数の少ないプロトコルが，加えてハイラムダである場合，誤った解釈をしてしまう危険性が有意に高くなる。反応数が 14 未満で，かつハイラムダの場合には，何らかの理由で，ロールシャッハ法のデータが適切にとれていないと考えることが妥当である可能性が高くなるのである。

たとえば，司法臨床の場面では，審判（裁判）前と審判（裁判）後とでは，非常に異なるロールシャッハ像を示すことが稀ではない。審判前に，少年鑑別所，あるいは拘置所で施行したロールシャッハ法は，反応数が少なく，形態反応と動物反応が多い，いわゆる「かたくて貧困な」プロフィールであったのに，審判（裁判）後の少年院あるいは刑務所で施行したものは，逆に，やたらと反応数が多く，しかしマイナス反応や思考障害の存在を示す「ひどい」反応が満載されていたりするのを実際に見ることもある。また，少年鑑別所で技官が包括システム以外のシステムで施行した，いわゆる重大事件を起こした少年のロールシャッハ法が，反応数が 10 個で，反応拒否が二つなどということも未だに稀ではなく，そうしたときにはプロトコルを見て，心底がっかりする。せっかくの貴重なチャンスを生かせなかったという無念さである。法律家などから，「このロールシャッハ法はどういう意味か」と聞かれても，「ちゃんとと

れていないので，無意味としか言いようがない」と答えるほかないときは，忸怩たる思いがある。専門家としてロールシャッハ法を施行，解釈する以上，まずその信頼性と妥当性を担保する努力を最大限に行なうことが責務であろう。

第2章
ロールシャッハ法を施行する
（実施手順）

　さて，いよいよロールシャッハ法を施行してみよう。ロールシャッハ法の手続きは，①反応を集める，②反応をスコアし，構造一覧表を作成する，③データを解釈する，の三つである。検査者の課題は，①逐語記録をとる，②集められた情報をスコアできるように，注意深く質問する，③各反応を正しくスコアする，である。適切な解釈を行なうには，適切に集められ，適切に計算されたデータが不可欠である。まず本章では，検査の施行について述べ，第3章・第4章でスコアと構造一覧表について学び，第5章以降で解釈に触れる。

　ロールシャッハ法の実施過程は，①事前の準備，②検査への導入と動機づけ，③自由反応段階，④質問段階に分けられる。

　なお，片口-クロッパー法では，⑤として限界吟味を行なうが，包括システムでは，原則として限界吟味は行なわない。包括システムでは，再検査を前提にしているので，限界吟味は，次回以降の検査過程に影響を与えすぎると考えられるからである。ただし，プロトコルに一つも平凡反応が見られなかった場合，平凡反応を見る力がないのか，あるいは何らかの構えによって平凡反応を言わないのかを確かめる。限界吟味をする場合でも，たとえば，Ⅲ図版を示し，「この図版に〈人〉を見る人がいるけど，見えますか」と，領域は特定せずに聞く。

1．事前の準備

1）用具の準備

　用意するものは，ロールシャッハ図版，ロケーション・チャート（領域図），フェイス・シート，記録用紙，筆記具である（図2-1）。

　包括システムでは，他のシステムとは異なり，ストップウォッチや時計を使わない。反応時間を計時しないのである。計時することは，「早く反応を出さなければ」といった，無用の「検査に対する構え」を強化するというデメリットが大きい。また，被検者も計時という作業を省くことで，被検者が反応している様子に，より注意を集中できるといったメリットがある。計時しないことによって，反応までにどれくらい時間がかかったかといったいくつかの情報が失われることになるが，視覚刺激のスキャンには，図版にもよるが，500〜1100ミリ秒という非常にわずかな時間しかかかっていないことがエクスナーによって実証されており，いわゆる反応の遅れは，判断や決定，言語的修飾の過程に時間を要していることを示す。そうした過程は，反応時間のみでなく反応自体にも表わされるので，全体として，計時しないメリットのほうが，計時するメリットよりも大きいと判断している。

　ロールシャッハ法を施行するということは，その場面や状況を検査施行に

```
〈準備段階チェックリスト〉
□必要な用具は持ったか
　・ロールシャッハ図版
　・ロケーション・チャート & フェイス・シート
□記録用紙
□筆記具
　・横並びあるいは90度で座れ，かつ検査実施に最適な部屋の環境を整えたか
□実施の時期は適切か
```

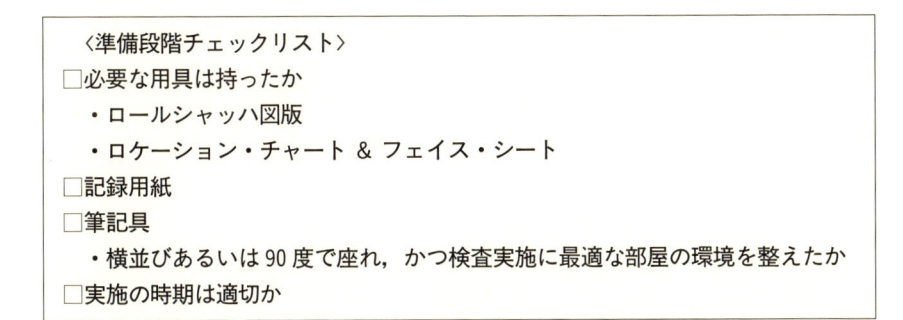

図2-1　準備段階チェックリスト

とって最適なものにするという，専門家としての気配りと責任感から始まるので，当たり前すぎると感じられるかもしれないが，念のため，事前の準備と細かい留意点について述べておく。このあたりのことは，秋谷たつ子先生から入念な指導を受けたことであり，次世代に引き継がなければいけないことだと思っていることである。

　まず，大事なロールシャッハ図版を，汚れていないか，順番が狂っていないかを確認する。自動車の運転教習所で最初に習う車の点検のようであり，慣れてくるとおろそかになりがちであるが，習慣化しておく必要がある。図版が汚れていたり，しみがついてたりすると，ロールシャッハ検査刺激以外の刺激を与えてしまい，適切に施行できないことになる。研究会などで，図版を使って反応を示す際に，ボールペンの先を図版に向けて説明する初心者がいるが，絶対にやめてほしい。図版にインクがつかないかとハラハラする。

　また，ロールシャッハ検査施行後，図版を箱にしまう際には，Ⅹ図版から裏向きに，上下を確認して，順に重ねていき，一番上にⅠ図版の裏が見えるように箱に入れる。被検者の前で，箱を開けた際に，いきなりⅩ図版が被検者の目に飛び込んだりしないようにである。Ⅳ図版とⅥ図版の順番が逆になっていたのを見落とし，そのまま被検者に渡してしまった初心者もいた。特に図版を職場などで共有する場合は，お互いに，次にその図版を使用するときに支障がないよう，きちんとしまっておきたいものである。

　ロケーション・チャートとフェイス・シートは，スコアの継列や構造一覧表と一緒になって市販されているものがあるので，それを使ってもよいが，フェイス・シートなどは，自分に必要な情報を記入するものを作ってもよい。特に，コンピュータのスコアリング・アシスタント・プログラムを使ってスコアする場合は，スコアの継列や構造一覧表は，完成された形でプリントアウトされるので，市販のものは無駄が多いという感じがする。

　記録用紙も線や必要な情報を入れたものを作成し，印刷してもよいが，筆者はＡ４判の白紙を横向きにして使っている。一番左に図版の番号を書き，反応番号と図版の位置をその横に記入する。おおむね左から半分程度までを自由反

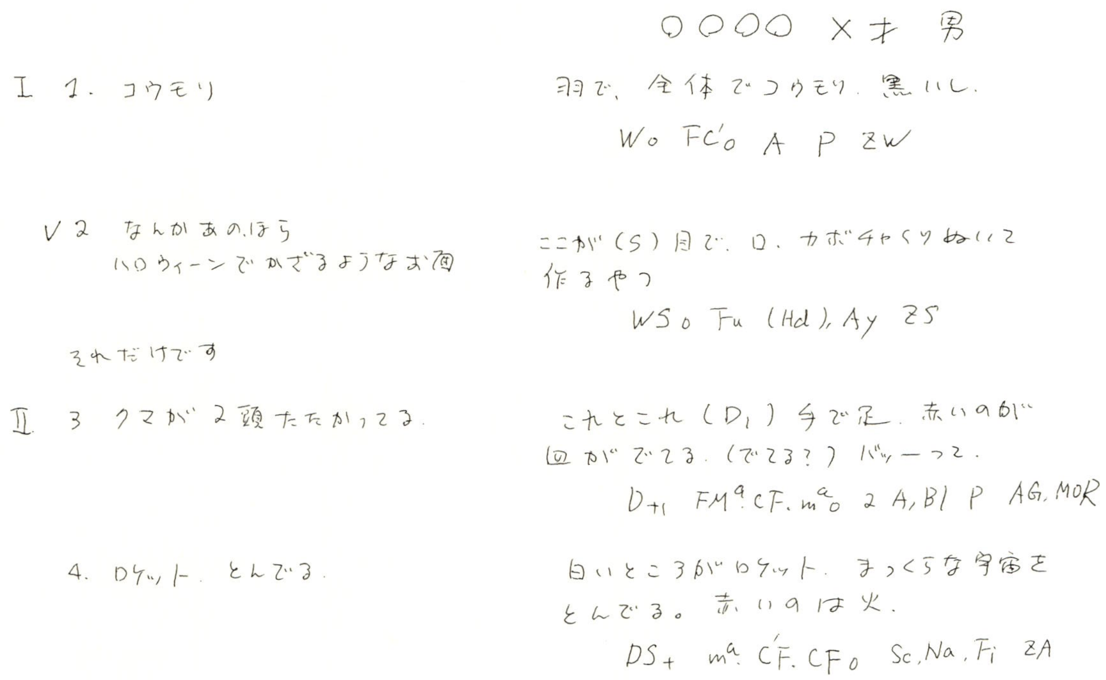

○○○○ ×才 男

I 1. コウモリ
   コウで、全体でつかもり、黒いし。
   Wo FC'o A P ZW

V 2 なんかまのぼう
   いのちゃーんであてるようなまの(?)
   作るやつ
   そればだけです
   WSo Fu (Hd), Ay 2S

III 3 これここれ(D1)ククに、赤いの6い
   回がい2"23(?????)パッシーシン
   これなが2題ただがってる
   D+ FM9.CF.mo 2 A, Bl P AG, MOR

   4 D'ッシーロ
       ビッンろ
   まっくらがここまっくらでなり自体を
   赤いきもは火
   DS+ ma CF.CF0 Sc, Na, Fi 2A

図2-2 記録用紙記載例

応の記載に使い，右半分を質問段階の記載に使っている（図 2-2）。記録用紙の右端にスコアを記入する人もいるが，その場合は，三分の一ずつくらいに分けて使うとよいであろう。コンピュータに入力する場合は，記録用紙にスコアをつける必要をあまり感じないが，筆者はスコアをつける場合は，各図版ごとの余白に記入している。いずれにせよ，施行の際は，記入に気をとられるより，被検者の様子や施行の手続きに注意を集中する必要があるので，記録は，余白を多めに，自由度を大きくしたほうがよいと考える。余白を十分にとるので，記録用紙が足りなくなったりしないよう，用紙を多めに持参することも案外大切である。

　筆記具は鉛筆でも，ペンでも，使い慣れた書きやすいものでよい。ペンのほうが，そのままコピーしたり，保存したりするには適しているかもしれないが，データを共有する際には，ワープロソフトで清書したほうが，読みやすく，かつ保存や整理にも適しているであろう。

２）座る位置と検査状況の設定

　座る位置は，原則として被検者の横（180 度）である。検査者の利き手にもよるが，右利きであれば，左側に被検者を座らせ，検査者の右手に図版を置いて，一枚ずつ被検者に渡していく。なかには，特に被検者の年齢が低い場合など，検査者の指示を待たずに図版を手に取ろうとしたり，図版で遊ぼうとする被検者もいるので，手の届きにくい，検査者の右側に図版を置くほうがよいと思われる。横並びに座ることに被検者の不安が非常に高いとか，部屋が狭くて横並びに座りにくいなどの状況がある場合，90 度の位置に座ってもよいが，対面は避ける。

　対面で座ると，検査者にとって，被検者の表情の変化などが観察しやすいが，検査者から見えるということは，被検者からも検査者の表情等がよく目に入るということである。検査者が被検者を見ている以上に，被検者は検査者を見ていて，その挙措に影響を受けやすい。また，対面は，机をはさんで分断されて座り，対決しているという雰囲気になりやすい。それに対して，横並びに

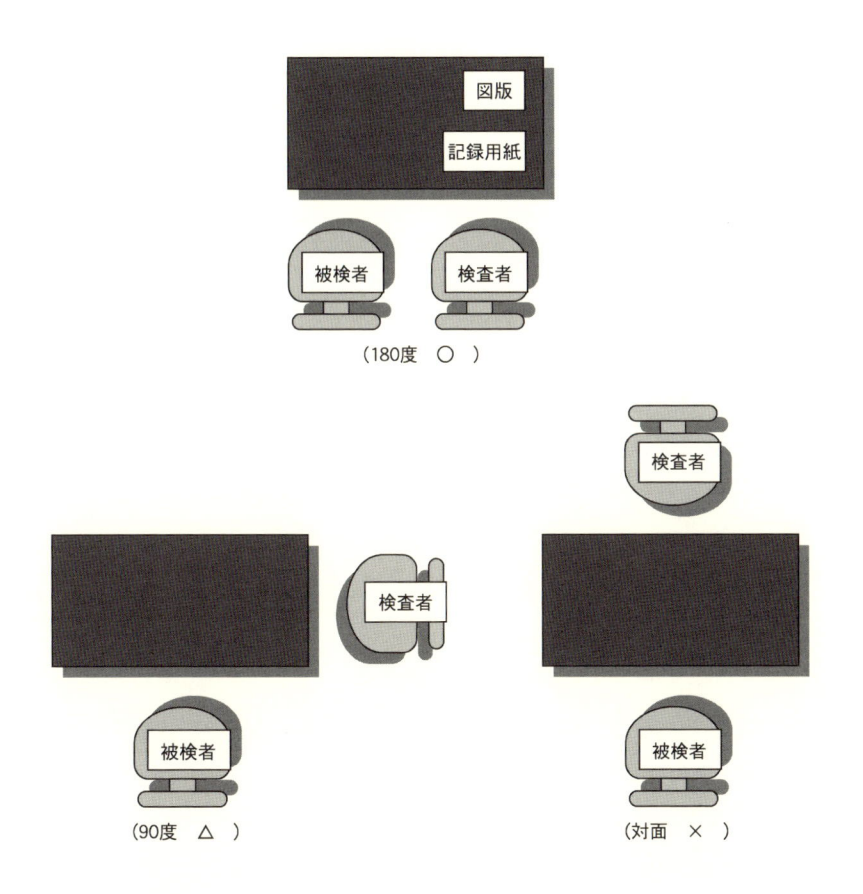

図2-3　座る位置

座ると、一緒に反応を作っていくという感じが出やすくなり、検査をするための協働関係に入りやすい。また、視覚的に被検者の表情を見るよりも、身体全体で、被検者の気分の変化等を感じることもできる（図2-3参照）。

　筆者は、ロールシャッハ法をとり始めた頃は、対面式で施行していた。その後、包括システムに変更して、座る位置も変更しなければならなかった当初は、臨床現場が少年鑑別所や刑務所といった矯正施設であり、面接もすべて対面式で行なっていたこともあって、じつを言うと多少の抵抗感があった。特に、刑務所では、通常の面接室でさえも、大きな机をはさんで、職員である考

査技官と受刑者が向かい合って座り，しかも受刑者の椅子は机から遠く離されて置かれ，固定されていることさえある。あまり遠いのもやりにくいが，かといって隣に並んで座るというのもまたやりにくい。しかし，横に並んでロールシャッハ法を施行してみると，やはりそれがよいということを実感した。微妙に関係の質が異なってくるのである。たかが座る位置ではあるが，横に並んで座ると，文字通り「肩を並べて，味方あるいは同志としてそばにいる」という感じになってくるのである。ロールシャッハ法で横に座ることに味をしめた後は，面接においても，関係をリラックスして近い感じにさせたいときは，ベンチやソファを利用して，「自然に」隣に並べるように工夫することが多くなった。逆に，ある程度の対決姿勢が必要なときは，対面して座るほうがよいこともある。いずれにせよ，どういう位置に座るかということは，ロールシャッハ法をどのようなものとして施行するか，どのような関係性を志向しているかということを反映しているのである。

　同様に，これもロールシャッハ検査施行時のみではなく，臨床場面全体にあてはまることであるが，当然のこととして，検査をする部屋や状況をきちんと統制する必要がある。静かで，途中で誰かが入ってきたり，電話が鳴ったりというような邪魔が入らないこと，快適な温度，適切な採光といったことに気を配り，その部屋で生じることには責任を負えるように準備をする必要がある。こうした点については，神田橋條治の『精神科診断面接のコツ』[22]が参考になろう。

　実施時期を計ることも大切である。まず，被検者の治療や処遇全体のなかで，ロールシャッハ法を施行するタイミングがある。たとえば，入院や入所直後で不安が高くて落ち着いてテスト課題に取り組めないとか，幻覚・妄想等の精神症状が活発であるとか，あるいは逆に抗精神病薬を大量に服薬しているかで平常の精神状態にないとか，あるいは司法鑑定場面で，審判（裁判）直前で，検査結果を意図的に左右したいという動機がさらに高まっているとか，何か心情を不安定にさせるような出来事があった直後とか，そういった妥当性の乏しいプロトコルしかとれないと思われるような時期は避ける必要がある。ま

た，一日のうちでも，たとえば入院・入所中の被検者の場合，昼食直前に駆け込んで，昼食時間に食い込みながらあわてて施行するといったことは避けて当然であるし，運動，テレビ視聴等，本人が唯一楽しみにしている時間帯もできれば避けたほうがよいであろう。妥当なテスト結果がとれる可能性が高いように場所や時間，状況を設定するということである。

2．検査への導入と動機づけ

　さて，しっかり準備をしたとして，次に初心者がとまどうのは，実際に被検者に会って，どうやってロールシャッハ法に導入するかであろう。検査をするのに十分な程度の信頼関係を作ること，検査施行に関してオリエンテーションと動機づけを行なうことの二点が必要になる。検査を施行するのに十分な程度の信頼関係を作ることに関しても，ロールシャッハ検査施行時のみではなく，検査施行時，あるいは臨床全般の課題となるので，それらの分野から学ぶべきことが多い。と同時に，ロールシャッハ法は，やるべきことがかなりきっちりと決まった，構造化された面接場面の一種とみなすこともでき，ロールシャッハ法を施行する訓練は，臨床面接の訓練ともなり得る。
　初めてロールシャッハ法を施行する際には，緊張して当然である。やらなければならないこと，気を配らねばならないことが多すぎて，それだけで頭が一杯で，そのうえ，うまくやれるだろうかと不安ばかり強くて，自信もない。しかし，誰でも初めは初心者である。「初心者のうちにできるだけ失敗をして，そこから学んでおいたほうがよい」「取り返しのつかない失敗なんてそうそうはない」くらいの気持ちで，まず自分自身がリラックスすることが大切である（といってもそこが難しいのであるが）。検査者の緊張は，被検者に伝わる。人と肯定的な関係をスタートさせ，維持させるのは，日常生活でも変わりはない。自然な笑顔と，相手に対する暖かい関心と好意である。さらに必要となるのは，専門家としての知識と経験，自信と責任感であろう。主治医からの依頼等によってロールシャッハ法を施行する場合のように，初対面であれば，まず

は，あいさつと自己紹介から入るのが一般的であろう。

　また導入の際に，検査に関する構えと，現病歴等を簡単に聴取しておくとよい。たとえば，「今から行なうのは，ロールシャッハ法という性格検査です。今までに受けたこと，あるいは聞いたことがありますか」とたずね，「受けたことがある」と答えれば，いつ，どこで，どうして受けたのかを確認して，現在までの経過を簡単に把握し，また検査について覚えていることを聞いて，偏った構えがないかチェックしておく。以前に受けた際などに，「色を言えばよい」「たくさん言わなければだめ」「一つも言わなくてもよい」「想像力のテストである」といった偏った構えを強化されていることが時にあるので，注意を要する。

　ロールシャッハ法へのオリエンテーションと動機づけのやり方は，施行の目的と状況，検査者と被検査者との検査時以外の関係などによって，ある程度異なってくる。たとえば，病院や施設などで，入院（所）時の検査として，いくつか行なわれる検査の一つとして（つまりテストバッテリーの一つとして）ロールシャッハ法が組み込まれており，アセスメント全体についてのオリエンテーションがあらかじめきちんと行なわれているならば，施行時は，ロールシャッハ法についての説明から入ればよいことになる。

　また，検査者が，面接者などほかの役割を兼ねていて，すでに面識があれば，ロールシャッハ法施行時以前の面接で，導入を行なっていることが一般的である。主治医など，ほかからの依頼で施行する場合，その依頼者から何らかのロールシャッハ法に関するオリエンテーションを受けている場合もあるが，受けていない場合もあり得る。その場合は，その主治医（依頼者）から，どのように言われてテストを受けているのかをたずね，再確認するとともに，必要があれば，再度あらためてオリエンテーションを行なう。

　いずれの場合でも，「なぜロールシャッハ法を今するのか」を，検査者がよく把握していることが不可欠である。施行の目的は，テスト場面によって異なるので，それぞれの目的をしっかりと把握したうえで，被検査者への伝え方を工夫することになるが，たとえば，一般的に考えられる目的としては，「被検査

の性格の理解と今後の治療（処遇）方針策定」といったことが挙げられる。その場合は，「ロールシャッハ法が性格を理解するための検査であること，強い点を伸ばし，弱い点を補っていくにはどのようにすればよいのかを知るための参考にすること」を，簡潔に，わかりやすい言葉で伝える。筆者はその際，本人が「自分の性格についてどのようなことを知りたいか」をたずね，後日，本人の知りたいことに沿ってテスト結果を返すことを約束することが多い。こうしたフィードバック・セッションについては，第7章で詳述する。

　子どもあるいは病態の重いクライエントを対象に施行する場合や，精神鑑定の一環として施行する場合など，検査の目的を明確に述べることがためらわれる場合もあり得るが，その場合でも，相手にわかりやすいように，検査の目的を述べることは，非常に大切である。ロールシャッハ法によるアセスメントが，治療（処遇）の第一歩として機能するためにも，また検査に対して適切に動機づけするためにも，要となる部分である。身体疾患の治療においても，検査の意味や目的をわかりやすく説明され，結果について理解できるようにフィードバックを受けることは，治療者や治療体制への信頼の第一歩となるし，何より治療に積極的・主体的にかかわっていくことを促進するのと同様である。いわゆるインフォームド・コンセントである。

　ときどき，たとえばいわゆる重大事件で少年鑑別所に入所した場合などに，むやみやたらと数多くの種類の検査を施行していることがある。その一つとして，ロールシャッハ法も「とりあえずやっておこう」という程度で施行されたのではないかと疑いたくなることもある。そうした場合には，施行の目的が検査者にさえよくわかっていないのも無理はない。言うまでもないことであろうが，各心理検査には，それぞれの特徴がある。それを理解したうえで，必要十分なテストバッテリーを組むことが，ロールシャッハ法を使いこなすのと同様に重要である。

　ちなみに，ロールシャッハ法は，被検者に，それなりの負荷をかけるものであるし，いつでも，かならず施行できるというわけではない。知的な限界が大きい者や，衝動性が高く，注意と意欲を持続できない者には実施が困難である

```
┌─────────────────────────────────────┐
│ 今から行なうのは，ロールシャッハ法という性格検査です。│
│ 今までにやったこと，あるいは聞いたことはありますか。  │
└─────────────────────────────────────┘
    │
    │  ┌─────────────┐
    ├─▶│ やったことがある │
    │  └─────────────┘
    │      いつ，どこで，どういう理由でやったのか聞く（現病歴の聴取）。
    │      前回の検査で覚えていることを聞く（検査への構えを確認）。
    │      必要があれば，適切な構えに是正する。
    │
    │  ┌─────────────┐
    ├─▶│ 聞いたことがある │
    │  └─────────────┘
    │      いつ，どこで，どう聞いているのか聞く（検査への構えを確認）。
    │      必要があれば，適切な構えに是正する。
    │
    │  ┌───────────────────┐
    └─▶│ やったことも聞いたこともない │
       └───────────────────┘
           性格検査であることを簡単に説明する。
    ▽
┌─────────────────────────────────────┐
│ 施行の目的，結果の活用の仕方について簡単に説明        │
└─────────────────────────────────────┘
    ▽
┌─────────────────────────────────────┐
│ 結果について知りたいかたずねる                │
└─────────────────────────────────────┘
    │
    │  ┌─────────┐
    ├─▶│ 知りたい   │
    │  └─────────┘
    │      どのような点を知りたいか聞く。
    │      知りたい点を中心に後日フィードバックを行なうことを約束する。
    │
    │  ┌─────────┐
    └─▶│ 知りたくない │
       └─────────┘
           知りたくない理由を聞く。
    ▽
┌──────────────┐
│ 質問を受けて答える │
└──────────────┘
```

図 2-4　導入の流れ

し，司法場面などでは，施行の目的からして，必要な協力が得られないこともある。そうした場合には，無理強いしないことである。信頼性と妥当性の担保できないテスト結果を得て，狭く，偏った，不適切な結果の解釈が一人歩きするのを避けるほうがよい。ほかの検査を行なうことが適切であることもあろう。ロールシャッハ法は被検者に関する多くの情報を提供してくれるが，万能ではないことはもちろんである。

　導入の流れを簡単に図示すると，図 2-4 のようになる。

3．自由反応段階

1）教示と質問への答え方

　導入と動機づけができたら，自由反応段階に移る。自由反応段階は，Ⅰ図版を手渡し，「何に見えますか」と問う。これだけである。導入と動機づけがきちんとできていればスムーズに進むことが多いが，質問が出たり，いくつか対処しなければならない事態が生じる場合もある。

　たとえば，図版を手に持たず，机に置いてしまう場合がある。検査状況や図版に対する抵抗感を示すと思われるが，その場合は，手に持って見てもらうように促す。図版は手に持った距離や角度，位置で見るよう設定されているし，検査への関与を促進するためである。

　「いくつ言うんですか」「（図版を）回してもいいですか」「全体を見ないといけないんですか」などの質問が出ることもある。基本的には，「ご自由にどうぞ」が答えである。ロールシャッハ法の仕組みについて，たとえば，「これでどうして性格がわかるのですか」「これはどうやって作ったのですか」「これはインクのしみですよね」といった質問が出ることも時にある。「そうです。インクのしみです」といった簡潔に答えられることには答えて，ほかは検査を終了してから説明することを伝える。あまりに次々と質問が出る場合などは，検査に適切に導入されていない可能性もあるので，再度ていねいに導入と動機づけを行なう必要があろう。

反応を終えて，検査者に渡された図版は，検査者の右手に，裏向きにして順に積み上げていく。

2）記　録

　自由反応段階では，被検者が自由に述べる反応をよく聞き，既述の図2-2のような記録用紙に，逐語で記録していくことが基本的作業となる。図版番号，図版位置の記号（∧正位置，∨逆位置，＞横位置）反応の通し番号を振って，被検者の反応をそのまま記録していく。被検者の話す速度が速い場合には，逐語を記すことに苦労するが，たとえば，人間はH，動物はA，全体はW，部分はDなど，自分なりに略号を決めておくと，速く記載できる。できるだけ被検者のペースを尊重して，それに合わせていくことが望ましいが，速くてついていけなかった場合には，述べた反応をそのまま再度繰り返してもらう必要がある。その際は，聞き取れた部分の末尾までをそのまま繰り返して問い返すと，前と同じように続けてくれる可能性が高くなるように思われる。あまりに速くて饒舌な場合は，間違いのないように記載できるよう，もう少しゆっくり話してくれるよう頼むことが適切である。練習のために，テープやビデオ，ＩＣレコーダーなどに録音（録画）して，後で起こすということも行なわれているが，労力と効果の比率を考えると，あまり得策ではないように筆者は思う。しっかり筆記できるように覚悟と訓練をしたほうがよいと考える。

　ときに，「何書いてるんですか」「全部書いているんですか」など，記録していることを気にする被検者がいる。その場合には，「あなたの反応を間違えないように，きちんと記録しています」と説明するとよい。

3）反応数のコントロール

　包括システムの自由反応段階で留意する点は，ある程度反応数をコントロールする手続きが入っていることである。プロトコルの信頼性と妥当性を高めるための手続きである。

（a）反応数を少なくさせすぎないための介入

　反応数が少なすぎると，プロトコルの信頼性に疑義が生じるので，少なくなりすぎないように介入する。すなわち，Ⅰ図版で一つしか反応しなかった場合，「ゆっくり見てください。急ぎませんから」と述べ，反応を待つ。それでも出なかった場合，「たいていの人は二つ以上見ます」とさらに促して待つ。たいていは，それで出るが，それでも出なかった場合は，導入と動機づけをやり直すか，そのままⅡ図版に進むか見極める。この反応の促しは，促さなくても自発的に反応数が2以上になるまで行なう。そして，いったん二つ以上の反応が出たら，次の図版でまた一つになっても行なわない。たとえば，Ⅰ，Ⅱと自発的には一つずつしか反応せず，促して二つずつ言ったが，Ⅲ図版で，自発的に二つ反応をしたとする。その場合，Ⅳ図版で再び一つしか反応しなかったとしても，すでに意図は理解されていると考えて，それ以上の促しは行なわない。

（b）反応数を増やしすぎないための介入

　ある程度の反応数があれば，信頼性のあるプロトコルとなること，反応数が多すぎると構造一覧表の数値に偏りが出て，かえって解釈に支障となり得ることから，多くなりすぎないように介入する。すなわち，Ⅰ図版で五つ反応し，まだ反応しそうに図版を手に持って見ていた場合，図版を取り上げて，「次にいきましょう」と言い，Ⅱ図版を渡す。この介入も反応数が自発的に5以下になるまで続けるが，いったん5以下になったら，その後の図版では行なわない。たとえば，Ⅲ図版まで介入を続けたとして，Ⅳ図版において反応数四つで自発的に図版を検査者に返したとすると，Ⅴ図版で再び反応数が5以上になったとしても，もう介入はしない。

（c）反応拒否（失敗）に対して

　包括システムでは，反応拒否または失敗は受け入れない。被検者が，「何も見えません」と言った場合は，「ゆっくり見てください。急ぎませんから。たいていの人は何かしら見えます」と答え，時間をとる。ほとんどの場合は，これで何かしら反応が出るが，それでも反応拒否のニュアンスで「見えない」と

> （Ⅰ図版を渡しながら）「何に見えますか」

　　　質問が出れば，簡潔に答える。基本は「ご自由に」。

> Ⅰ図版の反応数が一つの場合

　　　「ゆっくりご覧になってください。急ぎませんから」と反応を待つ。
　　　再度「もう見えない」と言った場合，「たいていの人は，二つ以上見ます」と促す。
　　　それでも出なければ，導入と動機づけをやり直すか，テストが不適切であるか見極める。
　　　反応数が自発的に二つ以上になるまで，この介入を続ける。

> Ⅰ図版の反応数が五つを超えそうな場合

　　　「（図版を取り上げ）次にいきましょう」と言ってⅡ図版を渡す。
　　　反応数が自発的に4以下になるまで，この介入を続ける。

> 何も見えません（反応拒否または失敗）の場合

　　　「ゆっくりご覧になってください。急ぎませんから」と反応を待つ。
　　　冷や汗をかく，身体が震える等の身体症状が出た場合は，無理しない。

⬇

> 反応を逐語記録する

　　　書き取りそびれた場合，反応を聞き取れたところまでそのまま繰り返し，できるだけ最初と同じ言葉を得る。

⬇

> 総反応数が14未満の場合

　　　再度自由反応段階を行なう。
　　　「ありがとうございました。でも，一つ困ったことがあります。反応数が少なすぎて，このままでは確かなことが言えないのです。もう一度同じことをやりますので，今度は前よりたくさん反応を出してください。前に言ったのと同じのを言ってもよいですが，前よりたくさん言ってください」

　　　　　　　図2-5　自由反応段階の流れ

いう場合には，導入や動機づけ，あるいはロールシャッハ法に適しているかどうかを見直す必要がある。反応失敗のニュアンスが強い場合，特に冷や汗を流したり，身体が震えてくるなど，身体症状まで表わす場合には，無理せず，次の図版にいくか，あるいは検査を中断したほうがよい場合もある。

（d）反応数 14 未満の場合

包括システムでは，反応に通し番号を振っていくので，X図版が終わった時点で，総反応数が 14 未満であるかどうかわかりやすいが，ときに，二つだと思っていた反応が，質問段階を経て一つであることが判明したりする場合もあるので，反応数が 14，15 の場合は，一応注意する必要がある。

自由反応段階を終えて，反応数が 14 未満であった場合，以下のように教示して，再度自由反応段階を行なう。「ありがとうございました。でも，一つ困ったことがあります。反応数が少なすぎて，このままでは確かなことが言えないのです。もう一度同じことをやりますので，今度は前よりたくさん反応を出してください。前に言ったのと同じのを言ってもよいですが，前よりたくさん言ってください」。

「いくつ言えばよいのですか」といった質問が出ることが多いが，「あなた次第ですが，前よりはいくつか多く言ってください」と答える。

スコアリングや解釈には，再検査した二番目のプロトコルを用いる。

自由反応段階の流れは，図 2-5 にまとめてある。

4．質問段階

1）目的と教示

質問段階の目的は，自由反応段階で被検者が述べた反応を，被検者が見たように検査者が理解し，スコアするのに必要十分な情報を得ることである。具体的には，X図版までの自由反応を被検者が終えた時点で，積み上げられた図版をそのまま表向きにして，Ⅰ図版が一番上に見えるように被検者の前に置き，以下のように教示する。

「いろいろと答えていただきましたが，もう一度最初から一つずつ見ていきます。あなたが見たように，私も見たいのです。第1反応の自由反応をそのまま読み上げ（たとえば「コウモリ」なら，「コウモリとおっしゃいましたが」），この図版のどこに，どういう点から見えるのか教えてくれますか」。

　教示を受けて，被検者が説明し始めたら，それを逐語で記録する。質問段階については，検査者の質問も記録する。これについても，質問の仕方はある程度決まってくるので，自分なりの略号を作っておくと記載が速い。自由反応段階では，できるだけ被検者のペースに合わせることが適切であるが，質問段階ではもう少し検査者が主導権を握ってよい。ゆっくりと，あわてず，スコアの可能性を考えながら，質問をしていく。スコアの可能性があるのに見落として聞いていないと，適切なスコアが付けられないことになる。逆に，たとえば，すでにスコアはできるのに，「ほかには？」などと必ず聞く人がいる。むやみに聞く必要もないことを繰り返し聞くのは無駄であり，被検者を疲れさせるだけである。また，「よく聞いていない」しるしであることもある。

　また，領域については，特に特別な切り方をしている場合，ロケーション・チャートを用いて，はっきりと図示しておく。これを疎かにすると，後でわからなくなって困るし，スーパーヴィジョンや研究会などで，ほかに事例を示す場合にも，領域がはっきりとわかることが重要となる。

2）一般的質問とキーワードによる質問

　第1反応で，教示がしっかりと伝わり，やり方がわかれば，後は順番に反応を読み上げ，検査者が被検者の見たとおりに反応を見て，スコアができるように質問をするという手順を繰り返せばよい。

　質問は2種類である。一つは，反応自体が検査者にはよくわからない場合，「よくわからないのですが」「もう少し教えてもらえませんか」「私にわかるように教えてください。あなたが見たように見たいのです」といった一般的質問を行なう。知覚が非常に独特である，言葉による説明が苦手である，検査に対する抵抗があるなど，さまざまな理由で，被検者の反応が，検査者にわかりに

くいことがあるが，その場合便利な質問である。ポイントは，「被検者が見たように検査者も見たいので，教えてほしい」という誠実な態度である。ときに，被検者はきちんと説明しているのに，検査者がよく聞いておらず，一般的質問を繰り返している場合がある。ロールシャッハ法でも，面接同様，「聞くこと」が大切であることを強調しておきたい。

　ほかの一つは，キーワードによる質問である。これは，スコアの可能性のある言葉（キーワード）をそのまま繰り返して説明を促す質問である。質問の中心となる。たとえば，「きれいな花」と反応した場合，「きれいな」は色彩などが使われている可能性があるので，「きれいな？」と繰り返して確認する。その結果，「はい。きれいな赤い花です」と答えがくれば，色彩をスコアする必要があるし，「はい。きれいな花びらの形です」となれば，色彩は含まれていないと判断する。必要十分な質問は，スコアの可能性がすべて頭に入っていないと困難である。

3）付加反応と反応の取り消しについて

　片口-クロッパー法では，「付加反応」として，質問段階で新たに出された反応もスコアし，解釈に含めるが，包括システムでは，あくまでも自由反応段階で出された反応のみをスコアし，解釈に含める。自由反応段階で最初に見た一連の図版の流れとそれに対する反応の流れを大切にするからであるし，反応数については別の手続きでコントロールしているので，付加反応で反応数を増やす必要はないからである。

　片口-クロッパー法で施行していたテスターが，包括システムに切り替えると，当初は，付加反応がよく出ることがある。施行場面を詳細に検討してみると，「ほかには？」と付加反応を暗に求める教示を意識せずに行なっていることが多い。包括システムで施行した場合，付加反応はめったに出ないが，出た場合には，その反応をある程度聞いたうえで，あくまで元の反応に戻る。質問段階で出された反応は，スコアしないし，解釈にも含めない。

　逆に，自由反応段階で述べた反応を，質問段階で「わかりません」「今見る

> いろいろと答えていただきましたが，もう一度最初から一つずつ見ていきます。あなたが見たように，私も見たいのです。(たとえば)，「コウモリ」とおっしゃいましたが，この図版のどこに，どういう点から見えるのか教えてください。

⬇

| 質問，回答，領域を記録する |

　　　| 一般的質問 |

　　　　「よくわからないのですが」
　　　　「もう少し教えてもらえませんか」
　　　　「私にわかるように教えてください。あなたが見たように見たいのです」

　　　| キーワードによる質問 |

　　　　スコアの可能性のある言葉（キーワード）をそのまま繰り返して説明を促す

　　　| 付加反応 |

　　　　その反応をある程度聞いた上で，元の反応に戻る。

　　　| 自由反応段階の反応を取り消そうとする |

　　　　「ここに書いてあります。急ぎませんから，思い出してください」

⬇

| ロールシャッハ検査を終了させる |

　　　感想を聞く。
　　　「やる前とやった後と気分は違いますか」

図2-6　質問段階の流れ

と見えません」などと取り消す場合が稀にあるが，その場合は，「ここに書いてあります。急ぎませんから，思い出してください」と述べて説明を待ち，自由反応に含める。X図版の最後の反応について質問を終えた後は，労をねぎらい，ロールシャッハ法が過剰な負担や悪影響を与えていないか，簡単に確認して検査を終了する。筆者は，「やってみてどうでしたか」と感想をたずね，「やる前とやった後と気分は違いますか」などと聞いている。

質問段階の流れは，図2-6にまとめてある。

最後に，以下の課題をやってみよう。

【課題1】ロールシャッハ法の被検者になる
・スコアリングに進む前に，可能であれば，自分が被検者となってロールシャッハ法を受け，そのプロトコルをもらっておくこと。
・周囲に，ロールシャッハ法を施行してくれる人がいなくて，グループで学習している場合は，第3章でスコアリングを学習後に，お互いに施行し合うことも可能である。

第3章
スコアリング

　ロールシャッハ法のスコアは，おおもとはヘルマン・ロールシャッハが作ったものであり，「どこに，どうして，何を」見たかを分類するために記号を付けていた。第1章で述べたように，システムによってさまざまな記号が工夫されてきた。包括システムでスコアされる可能性のあるコードは，以下の9種類である。順を追って説明する。

領域　発達水準　決定因　形態水準　ペア　内容　平凡反応　Z　特殊スコア

　なお，スコアの日本語翻訳名は，かえってわかりにくく，まだるっこいという印象が筆者にはあり，日頃から，ほとんどアルファベットの省略語を使っている。日本語訳には，特に英語になじみのない人には，意味を直接に伝えやすいという利点があるので，できるだけ日本語訳を併記したが，特殊スコアの日本語訳などは，かえって意味が混乱する場合もありそうで，日本語訳は省略し，原語と呼称の音を併記した。

1．領域と発達水準およびZスコア

1）領域（Location〈W, D, Dd, S〉）

　この三つは，主として，知覚刺激の入力や認知のスタイルにかかわる。領域というのは，図版のどの部分を使って反応を作っているかということを示す

が，全体を使っているか（W：Whole），よく使われる部分を使っているか（D：Detail），あまり一般的ではない部分を使っているか（Dd），あるいは空白部分が使われているか（S：Space）の4種類しかない。

よく使われる部分であるか，あまり使われない部分であるかは，ベックの業績をもとに，エクスナーが3,000のプロトコルを使って，被検者の5％以上が使用した部分をD，使用率が5％に満たなかった部分をDdと定めている。DとDdの領域は，Exner, J. E. (1995)：*Rorschach form quality pocket guide.* (2 nd ed.), Rorschach Workshops.（中村ら訳：1999『ロールシャッハ形態水準ポケットガイド』第2版）[9]に示されている。標本が異なれば，Dも異なってくるが，日本人の標本で形態水準表を発表している高橋ら（2002『ロールシャッハ形態水準表』）[1]も，領域はエクスナーのものを踏襲している。エクスナーのDは全部で79あり，番号は，使用頻度が高い順に振られている。したがって，Dであれば，番号とともに記録しておけば，いちいちロケーション・チャートを囲まなくても，どの部分であるかが共通理解として判明する。とはいえ，煩雑であれば番号は不用である。本書には形態水準表を掲載していないので，前記のエクスナー[9]か高橋ら[1]のものを使用する必要がある。

Ddは，番号が付いているものもあるが，付いていないものもある。付いていないものはすべてDd99とする。99は，コンピュータでコードする際に，「その他」としてよく使われる番号であり，その意味である。Dd99の場合は，きちんとロケーション・チャートに記載しておくことが大切である。Ddは領域の大きさには無関係であり，たとえば，クロッパー法で，Wカットとスコアするような，全体の一部を除いたような大きい領域もDdである。つまり，WとD以外は，すべてDdとなる。

片口-クロッパー法では，Wの多い人は知能が高いといった解釈仮説があるが，包括システムでは，WかDかDdかということは，知覚刺激の入力のスタイルを示すものであり，それら三つの比率によって，入力の際の動機づけの高さをみようとする。

空白部分を使用している場合，Sという符号が付けられるが，Sは単独で付

けられることはない。たとえば，II図版中央の空白部分に「こま」といった空白部分のみを使った反応をしても，領域図においてもDS5となっているのを見ればわかるように，それは空白という部分であり，DSとスコアする。II図版全体を顔と見て，空白部分を口として使っているような場合は，WSとなる。Sについて，片口-クロッパー法では，批判力といった肯定的な解釈仮説が主であるが，包括システムでは，怒りあるいは検査への抵抗というやや消極的な解釈仮説となる。いずれにせよ，Sは図と地をわざわざ逆転させて反応を形成しているのであり，相応の批判力や我の強さを要するであろうし，それが行き過ぎれば，「素直に見るものか」という動機のもとにある怒りを仮定することも首肯できよう。

全体反応	W	ブロット全体を反応に使っている
部分反応	D	領域図にDと指定されている部分を使った反応
	Dd	WとD以外
空白反応	S	空白部分を反応に使用している（WS，DS，DdSとスコアされる）

　領域は比較的スコアしやすいコードであり，評定者間の一致度も100％が期待されるが，初学者が間違えやすいのは，二つ以上のD領域を使って反応を形成している場合である。たとえば，VIII図版のD1とD2領域を使用して，「クマが岩に登っている」と反応すれば，D1はクマ，D2は岩として別々に使われており，クマと岩はそれぞれDである。したがって，使われている領域はD1，D2である（表記は，通常番号の少ないほう一つを記載するが，D1，D2あるいはD1＋2というように自分でわかりやすく記載して差し支えない）。しかし，同じ領域に「ランの花びら」と反応した場合，D1とD2を結びつけて，通常ではない一つの領域を一つのものにしているので，Dd99とコードする。

2）発達水準（DQ：Developmental Quality）

発達水準は 4 種類あり，領域の符号の次に並べて，＋（plus：統合），o（ordinary：普通），v（vague：漠然），v/＋（vague plus：漠然統合）のいずれかを付ける。

これは，認知の質にかかわるコードであり，対象を構造化してしっかりと認知しているかどうか，および知覚した対象を関係づけようと努力するかどうかという，二つの認知の次元をスコアしている。

日本人はWの比率が高いと言われるが，Wが多ければ知能や動機づけ，認知の質が高いというわけでもないというのは既述のとおりである。つまりそこに，発達水準という概念が必要となる。たとえば，Ⅰ図版に対して，同じWであっても，全体で「コウモリ」という反応（Wo）と，「真ん中で手を上げている女の人を，両脇の天使が持ち上げている」という部分を見て，それを全体にまとめている反応（W＋）とでは，反応を作るのに要するエネルギーも能力も異なることが予期される。さらには，「雲」という反応であれば，「雲」には特定の形態はなく，極端にいえば，どの図版も「雲」と言って言えないことはないわけで，見られたものはどのような形でも構わないことになる（Wv）。いわば 5 歳児が，すべての図版に魔法の杖のように「インクのしみ」と反応するように，（たしかにインクのしみではあるが），被検者の見ている「雲」は特定の形態を必要としていない。

発達水準という呼称が示すように，「特定の形態を必要としない，未分化で，構造化されておらず，刺激野を無造作に使用している（v）」→「刺激の特徴を意味づけて構造化する認知活動を含んではいるが，まだ比較的単純で労力を必要としない（o）」→「一つひとつをしっかり認知したうえで，それらを関係づけるというさらに高度で高い動機づけを必要とする（＋）」へ，と認知的に発達すると仮定されている。

すなわち，DQo は，普通に特定の形態をもった対象を知覚したときに付ける。それに対し，DQ＋は，二つ以上の対象が，関係づけられているときにス

コアする。たとえば，III図版のD9に「二人の人」を見ていれば，Do9であるが，「二人の人が挨拶をしている」となれば，D+9である。日本人被検者に比較的よく出る「二人の人が向き合っている」「二人の人が背中合わせ」などは，はたして位置を述べているだけなのか（Do），淡く控えめな表現ではあるが，やはり何らかの関係を示しているのか（D+）は微妙なところである。質問段階で聞く必要があろう。こうした反応は，後述の運動があるのか（M），それとも形態だけなのか（F）も迷うところである。いずれにせよ，受動的，消極的で，はっきりとした態度を打ち出さない傾向を反映するように思われる。

　また，関係づけられている二つ以上のものが，どれもvであるとき，v/+とスコアする。たとえば，IX図版で，「山（D2）の上に，雲がかかっている（D6）」という反応であれば，山も雲も特定の形態をもたず，明細化もされていないので，Wv/+とスコアされる。似た反応でも，「富士山（D2）の上に，雲がかかっている（D6）」であれば，富士山は特定の形態をもつので，一つはo反応であるので，W+となる。

　健常成人であれば，認知の発達水準は，基本的にはoか+にまで発達していると考えられるので，反応の流れのなかで発達水準がvに落ちた場合，その刺激野の特徴が，何らかの理由で，特定の形態を必要なものとして取り入れさせることを阻んだと考える。あるいは，成人で，DQvが頻出するようであれば，何らかの認知上の障害がある可能性がある。

　DQvは，健常成人であれば，出現頻度が少なく，意外に迷うことがある。雲，山，湖，血，木の葉，泥，岩といったものは，さまざまな形態をとり得るものである。その場合には，vとコードされる可能性があるが，「富士山」や「ヤツデの葉」のように，特定の名前を挙げることによって特定の形態をもつものになっていたり，「したたっている血」「細長い湖」のように特定の形態を述べている場合には，oとなる。ポイントは，被検者が形態を必要としているか否かである。「特定の形態を必要としているか」は，被検者の述べている反応の形態を検査者が頭に浮かべてみたときに，同様の形として認識できるかどうかが参考になる。

また念のため述べておくと，+やoという記号が似ているためか，発達水準（DQ）と後述の形態水準（FQ）とを混同する初学者が稀に見られるが，この二つは何らかの関係はあろうが，別の概念である。DQは，認知水準に関連し，FQは，知覚の正確さに関連している。DQは，特定の形態をもったアイコン（記憶痕跡）を前提として，それに入力した視覚刺激を合わせているかどうか，あるいは逆にどのような入力刺激でも合わせることが可能な，特定の形態をもたないアイコンを持ち出しているのかが問題となり，FQは，アイコンと入力した視覚刺激との適合度が問題となるのである。

- 統合反応　　+　（プラス）　二つ以上の対象が関連づけられて見られている。そのうちの少なくとも一つは，DQoである。
- 普通反応　　o　（オー）　　形態を必要とする一つの対象が認知されている。あるいは特定の形態を必要としない対象であっても，被検者が形態を必要として，明細化して述べている。
- 漠然反応　　v　（ヴェイグ）認知された対象は，特定の形態を必要としない。また，被検者は特定の形態を必要とするような明細化をしない。
- 漠然統合反応　v/+　（ヴェイグプラス）二つ以上の対象が関連づけられて見られているが，すべてDQvである。

3）Zスコア

スコアを付ける順番は，ずっと後ろのほうで，内容あるいは平凡反応の後ろになるが，発達水準に関係し，情報の走査や処理といった認知活動を評価するスコアとして，Zスコアについて，ここで説明しておく。

Zスコアは，反応が意味のあるように組織化されている場合に付ける得点であり，各図版の各組織化の型ごとに，ベックの業績にもとづいて，重みづけられた得点がエクスナーによって決められている。組織化に努力やエネルギーを要するほど得点は高くなっている（表3-1）。

表3-1　各図版のZスコア

	ZW	ZA	ZD	ZS
I	1.0	4.0	6.0	3.5
II	4.5	3.0	5.5	4.5
III	5.5	3.0	4.0	4.5
IV	2.0	4.0	3.5	5.0
V	1.0	2.5	5.0	4.0
VI	2.5	2.5	6.0	6.5
VII	2.5	1.0	3.0	4.0
VIII	4.5	3.0	3.0	4.0
IX	5.5	2.5	4.5	5.0
X	5.5	4.0	4.5	6.0

　Zスコアには4種類ある。一つはWvを除く全体反応である（Wo，W+，Wv/+）。この場合，各図版のZWの得点を付ける。全体を見ようとするのは，組織化の努力であるが，それが漠然反応では，意味ある組織化とみなされないのでWvにはZスコアを付けない。もう一つは，部分と部分とを関係づけている反応である。これは隣りあった部分を関係づける努力（ZA）と，離れた部分を関係づける努力（ZD），そして空白部分を関係づける努力（ZS）によって，重みづけられた得点が異なっている。

ZW	Wvを除くW反応（Wo，W+，Wv/+）
ZA	二つ以上の対象が，意味ある関係をもっている反応 隣り合った部分に見られている
ZD	二つ以上の対象が，意味ある関係をもっている反応 離れた部分に見られている
ZS	空白部分をほかの領域に統合して形成されている反応

　一つの反応のなかで，Zを付ける基準に当てはまるものが二つあれば，高いほうの値を付ける。たとえば，VIII図版全体で，「動物が，岩に足をかけて，木に登ろうとしている」という反応であれば，ZWとZA両方の基準を満たしているが，表3-1にあるように，VIII図版のZWは4.5であり，ZAは3.0であ

るので，この場合，高いほうの4.5を付ける。

　ZA（Adjust）とZD（Distance）の，隣り合った部分，離れた部分は，文字通り使われているブロットが，くっついているか，離れているかによる。たとえば，Ⅶ図版で，両側のD1の部分だけで，「女の人がおしゃべりし合っている」は，ZDであり，3.0を付けるが，全体を使って，「女の人がおしゃべりし合っている」という反応であれば，ZWの2.5とZAの1.0が付く可能性があり，高いほうの2.5を付ける。

　ZSについては，よく見られる誤りが2種類ある。一つは，空白部分単独で反応を形成している場合には，ZSは付かないということである。たとえば，Ⅱ図版のDS5単独で，「宇宙船」とした場合には，Zスコアは付かない。その下の赤いD3領域と統合して，「火を噴いて飛んでいる宇宙船」とした場合には，ZSが付く。

　二つには，たとえば，Ⅹ図版のDdS21領域の空白には「顔」という反応がしばしば見られるが，この場合，D2やD10が，目や口ひげなどの顔の部分として知覚されることから，この反応が形成されており，空白部分は，反応に統合されているというよりは，単に無視されているだけである。したがって，ZSは付けない。ただし，もし，同じ領域に「歌舞伎役者の顔」を見て，「さまざまな色で隈取をして，顔は白く塗っている」という反応になれば，明らかに空白部分を統合して使っているので，ZSを付ける。ポイントは，「空白を他の部分に統合して使っているか」である。

　Zスコアは，一つひとつの値は意味をなさないが，Zの合計点（ZSum：Sum）が，統合反応の数（Zf：frequency）から期待されるZの値（Zest：estimate）より，著しく高いか低い場合に意味をもってくる。たとえば，統合反応が12個出されていたとすると，期待されるZestは，38.0である（表4-3，96ページ参照）。その被検者のZSumが，41.0以上（差が＋3以上）であれば，情報処理に非常に多くの努力を払い，過度に几帳面で慎重となる傾向があるが，ZSumが，35.0以下（差が－3以上）であれば，逆に刺激走査の努力がしばしば軽率で不注意であるという解釈仮説が立てられる。すなわち

第3章　スコアリング　47

Zスコアは，知能とも多少の関係はあるが，それ以上に被検者が刺激野を組織化しようと努力する程度や，その努力が効果的に機能しているかどうかについての情報を与えてくれる。

2．決定因

決定因は，スコアリングの華である。その美しさを愛でよう。決定因は，反応を形成するのに使った刺激をコードすることによって，反応形成の心理的過程に関する情報を得ようとするものである。ブロットには，形，色，濃淡などの刺激があり，またブロット自体には存在しなくとも，被検者が「動き」を知覚する場合もある。各システムによって採用されている決定因の種類は異なっているが，包括システムでは，実証研究にもとづきその妥当性が認められた，以下の決定因が採用されている。

１）形態反応　F（Form）

世界を認識するのに，物の形，輪郭は最もよく使われる知覚刺激であろう。むしろ形のない視覚的認知のほうが考えにくいとさえ言えるかもしれない。形態反応（F）は，反応を形成するのに，形のみが使われた場合にコードする。これは，図版のほかのさまざまな刺激から比較的距離をおいた，客観的あるいは労を省いた反応の作り方であると考えられる。

F　形態反応　ブロットの形のみから反応を作っている

形態のみで反応が作られている場合，コーディングは単純で容易であるが，形態と色彩あるいは濃淡とを統合して反応を形成している場合，形態の要因が一次的に使われているのか，二次的に使われているのかということを判断してスコアしなければならない。以下に詳しく述べる。

2）色彩反応──有彩色：Color（C，CF，FC，Cn）と
　　　　　無彩色：Achromatic Color（C',　CF',　FC'）

　ロールシャッハ検査図版では，Ⅱ図版，Ⅲ図版に赤が，Ⅷ図版，Ⅸ図版，Ⅹ図版にさまざまな色彩が施されている。この有彩色を使って反応を形成した場合が色彩反応である。また，黒，白，灰色の無彩色を使って反応を形成した場合は，無彩色反応である。有彩色反応は，喜びや怒りなど，外に向かって表現したい感情を，無彩色反応は，抑うつ感など，否定的で内にこもる感情を表わしていると仮定されている。

　なぜ色彩が感情表現に関係するのかははっきりとは説明されないが，色彩は図版（すなわち外界）に存在し，いやおうなく目に飛び込んできて，被検者を揺さぶる刺激として体験されているのかもしれない。音楽もそうであるが，絵画の色彩が見る者の感情を動かすことは多くの人に体験されているであろう。うつ病者や自殺者のプロトコルにC'が有意に多いことも確かめられており，ある程度の交差妥当性は認められている。

　ただし，人は感情のみで判断し，決定し，行動していくことは少ない。特に成人になると，むき出しの感情表現は社会適応を損ないかねない。多くの場合は，感情の要素に，その感情を表現することがどういう意味をもつのか，どういう結果をもたらすのかという客観視する要素を統合して，体験し，表現していく。ロールシャッハ法の過程としては，色彩と形態の統合された反応という形で表わされる（以下は，有彩色と無彩色とを合わせて，色彩として説明する）。色彩が主として用いられ，そこに形態の要素も統合されている場合（CF，C'F）と，形態が主として用いられ，そこに色彩が統合されている場合（FC，FC'）とがあり得る。実際には，連続している変化を，色彩優位か形態優位かでどちらかのカテゴリーに分類するので，特にCFかFCかは，スコアラー間の評定が多少分かれることもあり得る。

　たとえば，「きれいな花」という反応で，質問段階で，「きれいなピンク色で，緑の葉，これが茎です」と説明された場合には，この反応を作るのには，

色がより大きな決定要因となっていると推定して，CFとコードする。同じ反応に対して，「花びらが大きくて，垂れ下がったランの花のようで，色もピンクです」と説明した場合には，形態が先にきて，そこに色が統合されているとみなしてFCとコードする。

あるいは，「赤いのが火」という反応があったとして，質問段階で，「赤いから」「赤くて上に燃え上がっているようで」「赤くて，上に燃え上がっていて，キャンプファイヤーのように左右対称で，同じような大きさです」という説明では，それぞれ順に，C，CF，FCとコードするのが適切である。

先に色を述べたからといって，必ずしも色彩優位であるわけではない。たとえば，I図版のコウモリを説明して，「黒くて，ここが羽で，胴体」と説明した場合，真っ先に「黒」が言及されているからといって，C'Fを付けるべきではない。コウモリははっきりした特定の形態をもっており，その場合は，形態が優位にきて，色彩が統合されている可能性が高い。「黒雲」や「石炭」といったDQvであるような，特定の形態をもたない対象の場合は，色彩が優位である可能性が高くなる。

C	純粋有彩色反応	色からのみ反応を作っている
CF	有彩色形態反応	主として色から反応を作り，そこに形態も使われている
FC	形態有彩色反応	主として形から反応を作り，そこに色も使っている
C'	純粋無彩色反応	黒，白，灰色という無彩色の特徴からのみ反応を作っている
C'F	無彩色形態反応	主として黒，白，灰色という無彩色の特徴から反応を作り，そこに形態も使われている
FC'	形態無彩色反応	主として形から反応を作り，そこに黒，白，灰色という無彩色の特徴も使っている

片口-クロッパー法では，感情表現が統制されているほうが，適応上肯定的であり，特に，C反応は病的所見であるという前提があるが，包括システムではそうした仮説は採用されていない。たしかに，人が外界を見るときに，形

（輪郭）なしの認識は考えにくいが，C反応は単に，形態という刺激を，処理し，統合することを無視しているか，あるいはできないことを示している。したがって，C反応を出す人は，ときに，その感情表現が非常に激しいものとなるであろうことは予想し得るが，病的所見というわけではなく，健常成人にもスコアされ得るものである。

C反応は，「赤いのが血」「青いのは水」といったわかりやすい反応であるが，一見Cであるが，CFと付けることが適切である場合が二つある。一つは，被検者によって，わずかでも形態を必要とすることが述べられている場合である。たとえば，「この赤いのは，血が垂れているように見える」とか，「きれいな色！ 打ち上げ花火が広がっている」という反応は，「垂れている」と「広がっている」に形態が必要とされていることが示されているので，CFとスコアすることが適切である。

もう一つは，ステップダウンの原理と呼ばれるもので，Cとスコアするべき反応でも，それが形態をもつ別の対象に属し，直接結びついている場合，一段階色彩優位を落として，CFとスコアする。たとえば，II図版で，「二頭のクマが闘っている。クマは怪我をしている。この赤いのは（D3）はクマの血」という反応の場合，「赤いのは血」だけであればCであるが，形態優位のクマに属しているので，CFと付ける。形態優位のほうが「上等」であるという印象をもっていると，ステップダウンという語感は，CF→Cに感じられるが，ここはあくまで，色彩の反応形成に果たす役割を下げるという意味である。

これまで述べてこなかったが，実は有彩色反応にはもう一つある。色彩名反応（Cn）である。これは，ロールシャッハ法では，荒廃したてんかん患者に見られたと記載され，ピオトロフスキーが，器質障害者のロールシャッハ法の研究でCnを導入した。「ここが赤です」とか「オレンジ色と緑とピンクです」といった，色の名前を言って，以上終わりというような反応である。これは，被検者が複雑な刺激を統合するのが困難であることを示している。ただし，「わー，きれい！」といった色に対する感想は，Cnではない。

Cnは特殊なスコアで，実は筆者もまだ直接お目にかかったことはない。エ

クスナーの700人の健常成人の基準データでも，5人に出ているのみである。それでも，スコアとして正当化され，採用されているのは，重度の高い障害者に高頻度で生じるからである。

> Cn　色彩名反応　反応として，色の名前を述べるだけの反応

　色彩のコード化で気をつけなければいけないのは，「色が使われているのはほぼ確か」ではあるが，被検者が色を言わない場合である。たとえば，Ⅷ図版で「きれいな花」と反応しても，直接色は言及されていない。その場合は，質問段階で，「きれいな，とおっしゃいましたが？」と質問する必要がある。「花びらが大きく広がっていて」と答えれば，Fとコードする。コードは被検者が言葉で表現したことをコードする。色彩など，特定の刺激を認知し，反応形成に使っていたとしても，それを「言わない」ということに意味がある。

　しばしば見られる現象で，さらに微妙なのが，「青いところが水です」といった反応である。ほぼ間違いなく青を使っているように思われるが，「青い水」とは言っていない。単に，「青い部分」という領域を指し示していて（ロケーター），青は反応に統合されてはいない，あるいは少なくとも統合されて言語化はされていないのかもしれない。この場合は，質問段階で，「青いところが水に見えるのを，もう少し教えてくれますか」と聞く必要がある。「この部分が，四方八方に広がっていて，水が，ぴちゃって，落ちたように」といった答えが返ってくれば，色彩はコードされないことになる。直接，「色は関係ありますか」などと聞いてはいけない。その後のテスト過程や再テストに影響を与えてしまうからである。

3）濃淡反応（shading〈T，V，Y〉）

　ロールシャッハが基礎実験で用いた図版には，色むらがなかったので，もとの論文では，濃淡や明暗については言及されなかったが，図版の出版時に，印刷の失敗でブロットにむらができ，ロールシャッハは，その新しい刺激の可能

性に気づいたとされる。包括システムでは、ベック法をもとにして濃淡は三つのカテゴリーに分けられている。すなわち、材質反応（T：Texture）、奥行き反応（V：Vista）、拡散反応（Y）である。それぞれ、形態の統合の程度によって、T, TF, FT, V, VF, FV, Y, YF, FY とコードされることは、色彩反応と同様である。

T（テクスチャー）は、濃淡によって、やわらかい、ざらざらした、すべすべした、滑らかな、毛皮のようなといった、触感が作り出されている場合にコードする。Tは愛情や依存、身体的接触に関する欲求の処理の仕方を表わすと仮定されている。エクスナーの基準データによれば、Tはほぼ8割の人が1個だし、残りの1割ずつくらいがT＝0とT＞1に分かれる。したがって、T＝1の人が、普通程度に愛情、依存、身体的接触欲求をもち、意識化しているのに対し、T＞1の人は、そうした欲求を強く感じている、さみしい、人恋しい人であり、T＝0の人は、そうした欲求がないわけではないが、その意識化や表現は一般的なものと異なり、さみしさや人恋しさを自覚せず、あるいは人と身体的に接触することを避ける、すなわち警戒的な人であると仮定されている。実際、非行少年には、Tはほとんど見られないし、逆に愛する人との離別やかわいがっていたペットとの死別といった体験で、Tは増加すると言われている。

しかし、日本人には、Tが出ないほうが一般的であるという印象がある。さらに臨床場面で施行していると、滅多に出ないという感じさえする。高橋ら[1]の日本人のデータでは、Tを出しているのは、おおむね3人に1人で、少数派である。日本人は欧米人に比べ、触感を意識化あるいは言語化する傾向が少ないのであろうか。伝統的日本文化においては、抱きしめ合ったり、身体に触ったりということをあまり人前で行なわないこととも関係しているのであろうか。興味深いテーマである。

Tを付けるには、材質反応の形成に濃淡が使われていることが、はっきりと表現されていなければならない。なかには「色の濃い、薄いから」など、比較的はっきりと言語表現される場合もあるが、多くの場合は色彩反応同様、質問

段階で慎重に確かめる必要がある。たとえば，Ⅵ図版に対する「毛皮」という反応でも，質問段階で「毛皮とおっしゃいましたが？」と質問し，「はい，頭と前足と後ろ足で，ふちがぎざぎざしているから」と答えれば，輪郭によって反応が形成されているのであり，Tはコードされない。ただし，濃淡材質反応の場合，言語表現でなくとも，ブロットに触るという行動で触感が表現された場合は，コードする。

T	純粋材質反応	濃淡がもたらす触感によってのみ形成されている反応	
TF	材質形態反応	主として濃淡がもたらす触感によって反応が形成され，そこに形態も入れられている	
FT	形態材質反応	形態によって反応が作られているが，そこに濃淡による触感も入れられている	

V（ビスタ）は，濃淡によって奥行きや立体感，三次元の感覚が作り出されているときにコードする。「顔がふっくら丸い」（Ⅶ図版），「谷が深い」（ⅥあるいはⅦ図版），「端がめくれている」（Ⅳ図版），「ランプのなかでろうそくが燃えている」（Ⅸ図版）といった表現が用いられることが多い。

Vの期待値は0であり，包括システムでは，Vはうつ病者や自殺者に多く見られることから，「自身の否定的な面に目が向いて心が痛んでいることを示す」「内省による感情的な苛立ち」という解釈仮説が採用されている。片口-クロッパー法では，濃淡によって奥行きを知覚する反応はFKとコードされ，不安に対して距離をおいて洞察する力を示していると肯定的に評価されるのと比べると，一見逆の意味を示しているようにもみえるが，両者ともに「不安があり，それに対して距離をおこうとしている」という体験は共通している。

Tとは逆に，Vの期待値は0であるとはいうものの，日本人の，特に若い女性にはそれほど珍しくはないという印象がある。高橋らのデータではおおむね4人に1人がVを出している。筆者は，Vは「挫折したT」あるいは「満たされていないT」ではないかという仮説をもっている。触感を体験させるような濃淡の刺激に対し，逆に距離を置き，洞察しようとする反応様式は，「触れた

いが，触れられない」「依存したいが，依存できない」という不安や抑うつ感に知的に対処しようとする態度を表わすものであり，それでいながら「愛されない自分」という否定的な自己評価と，愛されない痛みとを感じている状態ではないかと考えている。解釈仮説の妥当性を検討するには，実証研究が必要である。

　Vのコーディングに関しては，奥行きや三次元が述べられていても，それが形態の特徴からくるものであれば，それは後述の形態立体反応（FD）と呼ばれる別のコードになるので，濃淡から奥行きが知覚されていることを質問段階で確認することが必要である。

　また，「ざらざらした」とか「でこぼこした」といった言葉は，材質と奥行きの両方を表現し得るので，被検者の体験が，触感であるのか，立体感であるのかを，キーワードを使った質問によって，慎重に区別する。

V	純粋展望反応	濃淡がもたらす，奥行きや立体感，三次元の感覚によってのみ反応が作られている
VF	展望形態反応	主として，濃淡がもたらす奥行きや立体感，三次元の感覚によって反応が作られているが，そこに形態も使われている
FV	形態展望反応	主として，形態によって反応が作られているが，濃淡による奥行きや立体感，三次元の感覚も入れられている

　濃淡を使っているが，TでもVでもない反応はすべてYをコードする。なぜYというアルファベットがあてられているのか筆者には不明である。「雲」「煙」「レントゲン写真」といった反応や，「光っている」という言葉がYの可能性を示すキーワードである。また，IX図版などで，「色が混ざっていて，乾いた血」といった色の対比や明暗による表現がされることもある。

　Yは，不安感や無力感を表わすと仮定されているが，後述のmとともに，ただ二つ，再テストによる信頼性係数が低く，したがって慢性的というよりは，置かれた状況から生じるストレスによる，不安感，無力感であると，エクスナーは考えている。Yの期待値は1である。「雲」「煙」「レントゲン写真」

といった反応は、濃淡あるいは明暗によって触発された、漠然とした不安の体験として追体験することが容易であるように思われるが、ときに、「きらきら光っているピアス」「輝いているクリスマスツリー」といった輝かしい反応が見られる。これは不安感や無力感に対する否認と捉えることができるのであろうか。

Yのコーディングで気をつけるべきは、濃淡を「暗い色」とか、「白っぽい」という言葉を使って表現する場合である。この場合は、無彩色反応（C'）と区別する必要が生じる。「黒、白、灰色」とはっきり述べた場合は、C'を付け、はっきりしない場合はYを付ける。

Y	純粋拡散反応	ブロットの濃淡のみによる、TおよびV以外の反応	
YF	拡散形態反応	主として濃淡によるが、形態も使われている反応で、TF、VF以外の反応	
FY	形態拡散反応	主として形態によるが、濃淡も使われていて、FT、FV以外の反応	

4）運動反応（movement 〈M, FM, m〉）

運動反応は、動いていない（動いているはずのない）ブロットに動きを知覚する反応で、反応の主体によって、人間が動いている人間運動反応（M）、動物が動いている動物運動反応（FM）、無生物が動いている無生物運動反応（m）の三種類に分けられる。これらは、すべて運動の知覚ではあるが、同じ心理過程の異なる水準を表わすというのではなく、後述のような、比較的異なる三つの心理的作用を表わすと考えられている。ただし、いずれも、外界に事実として存在する視覚刺激をいったん内界で処理し、主観的に加工してから外に表現するという意味では共通しているであろう。その意味で、色彩反応と運動反応とは対照的な外界とのかかわり方を表現していると考えられる。色彩は「素直な」、運動反応は「自分流の」反応とでも言えようか。これは解釈のところで、「体験型」という重要な概念に関係してくる。

色彩反応や濃淡反応とは異なり、運動反応には、原則として、運動の主体が

あり，その主体の形態が知覚され，そこに運動の要素が統合されていると考えられており，運動反応には，形態との統合度による一次的，二次的といった区別はない。すべて，単なるMかFMかmである。片口-クロッパー法では，mについてのみ，m，mF，Fmという形態の統合の程度による区別があるが，包括システムにはない。

　ただし，原則には例外がつきもので，滅多にお目にかからないが，「これは狂気を表わしています」「ひどい憂うつですね」「嫌な臭い」「大きな音です」といった形態をもたない，抽象的あるいは知覚的体験としてのMがあり，これをMnoneとコードする。これは外界の現実刺激から離れ，あるいは無視するという幻覚と同様の心的操作を表わしていると考えられている。

　形態の程度の区別がない代わりに，運動反応にはすべて，その運動が積極的（a）であるか，消極的（p）であるかの区別を行ない，運動反応に続けて書く。Ma，FMa，ma，Mp，FMp，mpという具合である。aとpとのスコアラー間の一致度は，ほかのコードに比べて低いほうであるが，目安としては，「話す」という動詞が使われる。「話す」はpである。それより動きが少ない，あるいは弱いと思われる，ささやく，見ている，考えている，立っている，手を挙げている，ほほえんでいるなどの動詞は，pとコードされる。動きの乏しい表情や姿勢はpである。「話す」より動きが強く，あるいは大きい，叫んでいる，歩いている，飛んでいる，戦っている，踊っているなどの動詞は，aである。

　「飛んでいる」は通常はaであるが，たとえばグライダーや鳥が風に乗って「飛んでいる」（滑空している）場合には，pが付くこともあり得る。積極的な運動でも，それが述べられるときに，「戦っているクマの絵」「踊っている人の写真」「飛んでいる鳥の漫画」といったように，運動を静止させている場合は，常にpとコードする。

　一つの対象が，積極的な動きと消極的な動きの両方を行なっている場合には，aを付ける。たとえば，「人が頬に手を当てて（p），何か叫んでいる（a）」という反応の場合，Maとコードする。しかし，反応が二つ以上の対象を含んでいて，それぞれがaとpの動きを行なっている場合，両方の数を数えるため

にa-pとコードする。たとえば,「真ん中に人が立っていて(p),周りで二人の人が踊っている(a)」は,Ma-pとコードする。

　Mは,人間のあらゆる活動にコードされる。色彩が主として感情の活動に関係するのに対し,Mは主として思考過程に関係する。Mを形成するには,思考過程同様に,反応を遅延することが必要になる。Mと知能の間には正の相関が示されている。Mは,人間の活動,動きという,人間が社会生活をおくっていくうえで重要な知覚であり,自己表象のあり方や,対人認知に関係してくる。

　たとえば,Mpの多い人は,実際にも,「見ているだけ〜」「立っているだけ〜」という動きをする。話を聞いてみると,その人なりの考えをもっていてそれなりに興味深いのであるが,実際の社会場面,対人場面においては,決断せず,積極的・能動的にかかわらず,責任を負わないといった動きをする。

　また,主体が動物や無生物であっても,人間的な活動にはMがコードされる。たとえば,「二匹の虫が話し合っている」「クマがオートバイに乗っている」「木が歌っている」などである。これは,ディズニーランドで動物や木が歌ったり,踊ったりするような,やや幼い,空想的,アニミズム的な思考過程を表わしていると考えられる。人間以外が主体であるMには,後述する特殊スコアを付けて,思考に関する特徴を評価する。

　いずれにせよ,Mには,現実社会・対人社会で生きていくうえでの,被検者独特の内的世界やほかとのかかわり方が投影されると考えられ,解釈上読み込むことが重要となる。

　FMは,動物のあらゆる活動にコードされるが,その動きは,その動物が一般に行なうものでなければならない。擬人化された人間的活動には既述のようにMを付ける。FMがどのような精神作用を表わしているのかについては,完全に明確になっているわけではないが,包括システムでは,より基本的で生物的な欲求に関係していると仮定している。

　主体が人間ではなく,動物になっているだけに,より基本的な欲求に関係していると考えるのもある程度わかりやすいであろうが,FMが多い人が,動物的欲求が強いと解釈するべきではない。運動反応は,実際に身体を動かし,筋

肉を使って運動しているわけではなく，基本的に観念活動である。運動反応は，実際の運動を抑制されると増加することが実証的に確かめられている。生きている限り基本的な欲求は存在しているので，FMも存在するはずであるが，実際に欲求充足に向けて行動している場合には，その欲求は意識されることは少なく，FMは少ない。すなわち，行動化の激しい人にはFMが少ない。欲求充足への動きが抑制されて初めて，欲求の存在が強く意識されてくるといえよう。お腹が空く間もなく食物が手に入り，嫌というほどあれば，空腹感は意識されることが少ないであろうが，食べたくても食べられなければ，食欲は強烈に意識されることになる。「がまん」や「おあずけ」「欲求不満に耐える」ことがあって初めて，FMが増加する。

「腹が減っては，戦はできぬ」というが，基本的欲求が満たされていないと，注意の集中や持続を要する思考や，より高度な精神活動は難しくなる。たとえば，レポートを書いていても，夕飯は何にしようか……などと気が散ってしまう。道を探していても，食べ物屋の看板ばかりが目に入る。FMが多いことは，こうした基本的欲求の不充足に気をとられて，注意の集中や持続が妨げられる傾向があることも意味している。試験勉強に集中しなければいけないのに，彼女のことばかり頭に浮かんでしまうような現象である。

無生物の動きはmとコードされる。「滝が流れている」「血が飛び散っている」「ロケットが飛んでいる」「火が燃え上がっている」「原爆が爆発している」などである。動いてはいないが，そこに不自然な緊張状態がある場合はmpをコードする。たとえば，「ハンガーに掛けてあるコート」「引き伸ばされて，ピンで止められている毛皮」といった反応である。「床に敷いてある毛皮」のように，不自然な緊張状態になければ，mはコードされない。

包括システムにおけるmの解釈仮説は，「状況から引き起こされたストレスを体験し，そのストレスによって注意は散漫になりやすく，思考がまとまらない傾向」である。既述のY同様，再テストによる信頼性が低く，したがって変化しやすい状況に関係する要因であると考えられている。mは，人間でも動物でもなく，命のないものの動きであり，それだけに人間の外側にある力，宇

宙や自然あるいは運命といった，人間のコントロールの及ばない動きとして体験されると考えれば，mの意味も了解されよう。ざわざわとした不安感，緊張感，焦燥感，無力感，なんだかわからないけど，外からの力に影響されて落ち着いて考えられないような心情である。

　たとえば，「愛する人が旅先で事故に遭い入院した」という電話を夜中に受けて，車を飛ばすとき，知らない道を調べてできるだけ早く，しかし安全に到着できるよう運転しなければならないが，こうしたMによって表わされるような高次の集中した精神作用は，ともすると容態についての不安や心配，死と喪失の恐怖，何もできない無力感といったmの動きによって妨害されるであろう。

　たしかに，M，FM，mは，比較的異なる三つの心理的作用を表わすと考えられるが，いずれも反応の遅延を伴う思考過程に関係する変数群であり，反応における運動の主体と被検者とが近いほど，内的な動きとして体験されると考えてもよいのではないだろうか。人間の認知や思考は，短期間何かに没頭し集中しているとき以外は，一本の流れではなく常に別の流れも存在している（メタ認知）。車の運転も毎朝の通勤路であれば，途中道順を考えることもなく，運転しているという自覚もなく，頭のなかでは，今日の仕事の手順について考えていたりする。それでも，前の車が急ブレーキを踏めば，即座に仕事の段取りから注意を逸らして運転に戻り，自らも急ブレーキを踏む。そうでないと追突する。Mのような，焦点の絞られた集中した思考は，絞られた課題に対処するには重要であるが，絞られているだけに，その間はほかへの注意は逸がれやすい。FMは生物としての欲求に注意を向けさせる働きや，欲求充足のための行動化の動機づけともなるし，mは，人間を越えた存在への気づきをも表わしているのであろう。

M	人間運動反応	人間の運動反応および動物や想像上の人の人間的動き
FM	動物運動反応	動物の運動　その動物に一般的な動きであること
m	無生物運動反応	無生物の運動

5）形態立体反応（Form Dimention〈FD〉）

　形態から，奥行きや三次元，遠近感の知覚をする反応である。立体感が，形態からくるのか，濃淡からくるのか（V），質問段階等で弁別する必要がある。よく出るのは，Ⅳ図版で「大男を下から見上げている。足が大きくて顔が小さいから」という反応や，あるいは，「身体を逸らしている」「股眼鏡をしている」といった反応である。「葉っぱの下から芋虫が顔を出している」「木の向こうに人が隠れている」など，重なりによって示されることも少なくない。

　FDは，自殺者のプロトコルの研究から新たに作られた，包括システムのコードである。自殺者や精神科外来患者が多く出すことから，FDは内省や自意識と関係すると仮定されている。実際，心理療法を受けている過程では，FDが増加する。また，思春期においては自己の探索は必要な過程であり，FDがないことは，自分への気づきが少ない，あるいは自己の探索の回避と解釈され得る。

　体験としては，FDはやはり知的な体験であろう。形態がそもそもさまざまな刺激に巻き込まれず，客観的に認識しようとする心の動きであるのに，さらに形態から，実際には平面であるにもかかわらず立体感や奥行き，三次元を認識している。

> FD　　形態立体反応　　形態のみによって，奥行きや距離感，立体感が形成される反応

6）ペア反応（2）と鏡映反応（rF, Fr）

　この二つは，ブロットの対称性を使って，同じ二つの対象を特定する反応である。

　ペア反応は，英語であれば複数形が用いられるし，a pair of とか a couple of の表現で，二つであることが比較的わかりやすいが，日本語では名詞に複数形がなく，両側に同じものを見ていても，表現されにくいという印象があ

る。場所を特定してもらうなどの配慮が必要となる。日本語では，ペア反応は「二人の人」といった数詞の使用，および「こことここ」「こっちに一つ，こっちにも一つ」という場所の特定で示されることが多い。ペア反応のコードは，決定因のところではなく，より後方，形態水準の後にペアであれば，数字の2を記入して示す。

　「二人の人」と反応しても，「こちらが男で，こちらが女」，あるいは「こっちは太っているが，こっちはやせている」など，何らかの区別が述べられたならペアは付けない。また，ブロットの対称性を使っている必要があるので，たとえばⅩ図版で，「二匹の虫」と反応しても，D4とD8のように上下であり対称ではない場合は，ペアは付けない。また，肺，靴下，イヤリングなど，二つで一つのものもペアは付けない。

　鏡映反応は，図版の左右対称性を用いて，同一の一つの対象を見ている場合にコードする。すなわち，「人が鏡を見ている」（Ⅲ図版やⅦ図版），「動物が水に映った姿を見ている」（Ⅷ図版，横位置），「船が水に映っている」（Ⅵ図版，横位置），「木や山の風景が水に映っている」（Ⅵ図版，横位置）などである。形態の統合の度合いによって，鏡映形態反応（rF）と形態鏡映反応（Fr）とに区別される。前者は，映っている対象が雲や山，風景といった特定の形態を必要としないものであり，後者は，映っている対象が人や動物，船など，特定の形態をもつものである。既述の例では，最後の「木や山の風景が水に映っている」のみがrFとコードされ，残りはFrである。ジコノとメロイは形態のない純粋rを設定しているが[20]，エクスナーは，鏡映反応には形態が必要であると考えており，純粋rというコードは作っていない。鏡映反応も包括システムで新たに作られたコードである。鏡映反応がコードされる場合は，ペア反応は付けない。

　ペア反応と鏡映反応とは，「自分のことにどれくらい関心が集中し，時間やエネルギーを自分のことに費やすか」という意味での自己中心性に関係していると考えられている。特に，鏡映反応は，自己中心性にとどまらず，自己過大評価や自己愛傾向を示すと仮定されている。片口-クロッパー法では「映って

いる」という反応はFKでコードされ,「洞察」という肯定的な解釈が与えられるのとは対照的である。エクスナーは,鏡映反応が同性愛者と精神病質者に有意に多いことを発見し,また鏡映反応と文章完成法による自己中心性の得点との間に高い相関を見出した。

　ペア反応と鏡映反応は,ともに図版の対称性にもとづいているので,図版の中心に位置し,図版全体を視野に入れている「自分」がしっかりとあることが必要になる。そのなかで,ペア反応は「比べる」という心理的操作によって,自身の位置を確認しようとする心の動きとみなせるのではないかと考えている。たとえば,子どもが自分(や自分の持ち物など)を,自分と似たような近所の子ども(やその持ち物など)と比べることによって,自己を評価しようとする傾向である。ペアを見ることは,やがてその二者の関係をみることにつながっていく。ペア反応は一定数の範囲で出ること,すなわち適度の自己中心性や自己への関心が適応的であると考えられている。

　それに対し,鏡映反応の期待値は0であり,一つ以上あることは,自己愛傾向や自己過大評価傾向を示すとみなされる。鏡映像を見るという体験は,「鏡に映った自分を熱心に見る」という,いわば閉じられた合わせ鏡のなかで,自分だけの姿を目にしているという体験であり,ほかに注意や関心が向きにくいということになるのであろう。

　美しい,優れた,あるいは強い自分という自己像を維持するために,彼らは,多大な関心と時間とエネルギーを費やす。そうした自己投資が成功をもたらすことも期待でき,能力が高く,たとえば俳優,政治家,宗教家,医者,心理療法家など,中心にいて注目と賞賛とを集め得る職業に就いている場合などは,他者からも高い評価を得ることができ,それほど適応上の問題は生じない。しかし,問題は,失敗したとき,あるいは自分が期待するほどのほかからの評価を得られない場合である。彼らにとっては,たとえ現実に反しても,高い自己評価を維持することが最大の関心となり,外罰や合理化といった,不適応的な防衛機制が働きがちであるとされる。

　また,過度の自己への関心の集中や自己過大評価は,日常必要とされる些細

な妥協も沽券(こけん)にかかわるということで難しくさせることもあって，他者との関係を表面的で浅薄なものとさせる。相互的で，対等な，長続きする信頼関係を作り，維持することが難しくなる。

ただし，それだけ自己を高く評価することにこだわるということは，裏を返せば，そうしていないと自己評価が地を這ってしまうということでもあり得る。すべての反応が，鏡映反応ということはあり得ないので，鏡映反応は，自己評価が脅(おびや)かされたときに，一人の世界に退却して，自分を守り，安定させるという役目も担っているのであろう。鏡映反応による自己防衛をする人は，両親や家族などの身近な人の心理的支え，特に適切な自己評価を形成・維持するような支えが乏しかった人に多いという印象がある。少なくとも本人は，ほかから助けを得られるとはあまり期待しておらず，自分一人で何とかしたほうがよいと思っているかのようである。いずれにせよ，解釈仮説はあくまで仮説であり，その妥当性については，実証的検証を続けていく必要がある。

(2)	ペア反応	ブロットの対称性にもとづいて，二つの同じ対象が見られている反応
rF	鏡映形態反応	ブロットの対称性にもとづいて，一つの対象が反対側に映っていると報告される反応。映っている対象は特定の形態をもたない
Fr	形態鏡映反応	ブロットの対称性にもとづいて，一つの対象が反対側に映っていると報告される反応。映っている対象は特定の形態を必要とする

7）ブレンド反応──複数の決定因をもつ場合

一つの反応が二つ以上の決定因を含んでいる場合，反応に現われた順に，「．」でつないでコードする。たとえば，「二人の人が太鼓をたたいていて，奥のほうに赤いたいまつの火がある」という反応であれば，Ma．FD．CFとなる。多くのブレンド反応は二つの決定因からなるが，たまに三つ，四つの決定因が使われている複雑な反応も見られる。片口-クロッパー法では，決定因は

一つのみを主反応として，あとは付加反応としてコードするが，包括システムでは，同じ重みづけで解釈する。

　一つの反応で，同じ決定因で，形態の統合度が異なる決定因が使われている場合は，最も形態に重きをおいていない決定因一つをコードする。たとえば，「赤い帽子をかぶったクマが二頭，喧嘩をしている。下の赤いのは血」という反応の場合，赤い帽子はFCであるが，血はステップダウンの原理でCFであり，この場合は，CFのみコードする。したがって，この反応はFMa．CFとなる。FC．CFとか，C'F．C'，YF．FYというコードはない。間違いである。

　同様に一つの反応で形態を含む他の決定因（M，FC，C'F等）と形態とが使われている場合，Fは記載しない。ブレンド反応のなかに純粋形態反応（F）が含まれるということは，非常に稀であり，ロールシャッハ研究財団が蓄積した 15,000 のプロトコル中，26 反応しかなく，神経学的に障害がある被検者か知能の低い被検者で生じていたと，エクスナーは報告している。二つ以上の別の内容が，無関係に一つの反応として述べられ，うち一つが純粋形態反応であるような場合である。たとえば，「二人の人がいます。それと蝶です。彼らは何かを持ち上げようとしています」といった反応である。これは二つの反応のように見えるが，被検者が自発的に，「チョウは二人の間を飛んでいる」といったように意味のある組織化をするか，あるいは二つの反応であると述べなければ，質問段階で「全部が一つの反応ですか」と確認しなければならない。被検者が平然と「そうです」と述べれば，このコードはMa．Fとなる。Fのブレンドは非常に特殊で，解釈上も重要であるので，ブレンドにFをコードしようとするときは，その反応を注意深く再検討する必要がある。

　濃淡反応と濃淡反応のブレンドもあり得るが稀である。一つの言葉や表現を二重にコードしないように注意する必要がある。たとえば，「この濃淡が，ビロードのように見えます。毛布の柔らかいしわのようで，すべてがとてもソフトです」という反応は，詳細に説明されてはいるが，すべて濃淡材質反応である。「この濃淡が毛布に見えます。柔らかく毛羽立っていて，この濃いのは折しわがつけられています」のように，「柔らかく毛羽立って」という材質反応

と，「折しわ」という展望反応との両方が知覚されたことが確認されれば，コードは，TF．VFとなる。

3．形態水準（FQ）

　形態水準は，形態を有した反応（つまりMnone，Cなどを除くほとんどの反応）に付ける，形態の適切さを評価するためのコードであり，＋（プラス），o（オー：ordinary：普通），u（ユー：unusual：特殊），－（マイナス）の4段階に分けられている。これらのコードを決定因に続けて記入し，たとえばFo，FCo，TFu，Mp－という具合に表記する。

　片口-クロッパー法でも形態水準は4段階に分けられているが，さまざまな，やや煩雑な評価基準があり，その判定はかならずしも信頼性が高いとはいえない。包括システムでは，ベック方式を発展させた「形態水準表」にもとづいて形態水準を評価する。これは，エクスナーが，2,500人の健常成人，2,500人の統合失調症を除いた外来患者，2,500人の統合失調症とその他の精神病を除いた入院患者の，計7,500人のプロトコルにもとづいて作成した表で，図版ごとに各領域の反応が記載されている。

　oは，7,500のプロトコルの2％以上に表われた反応であり，ブロットの輪郭と一致している。uは，出現頻度は2％未満であるが，ブロットの輪郭とは一致している。－は，出現頻度にかかわりなく，ブロットの輪郭を無視し，逸脱し，あるいは歪めた反応である。たとえば，X図版のDdS22の「顔」は，特に思春期の被検者の場合，日米を問わず比較的よく見られる出現頻度としては高い反応であるが，ブロットには存在しない「あごの線」を恣意的に引いて，ばらばらな顔の造作を「顔」にまとめているので，マイナスである。形態水準は，知覚の正確さに関する重要な情報を提供し，現実検討力あるいは現実吟味力とも呼ばれる，現実をいかによく把握しているか（あるいはしていないか）ということを示すと仮定されている。ない線を勝手に引くのは，現実を歪めているという意味で，マイナスである。

+は，o水準の反応の形態を，より的確に詳細に説明している場合にコードする。このコードは「強迫性指標」に関係してくる。現実把握力は，oとuとを合わせた反応の比率で評価するので，+をコードすることが現実把握力の高さを意味するというよりは，細部に拘泥する強迫性の存在を意味することになってしまうこともあるので注意を要する。同様に，oよりuのほうが「いい」とかその逆ということもない。多くの人と同じような見方をする傾向が高いのか，個性的な見方をしようとするのかの違いを表わす。マイナス反応もそれだけで病的な所見というわけではなく，誰でも，ときには，現実を曲げて，あるいは外してものを見るものであり，健常成人のプロトコルにも現われ得るものである。

　形態水準表は，「1）領域」の節で述べたように，Exner, J. E. (1995) *Rorschach form quality pocket guide.* (2nd ed.). Rorschach Workshops. (『ロールシャッハ形態水準ポケットガイド 第2版』1999)[9]として出版されている。あるいは高橋ら『ロールシャッハ形態水準表』[1] (2002) では，日本人の健常成人400人にもとづく表が参照できる。どちらの表に依拠するか，あるいは包括システムを使う際の「文化差」をどのように考え，対処するかということについては，第5章で述べる。

　いくら7,500人のプロトコル，16万強の反応が記載されているからといっても，すべての反応が網羅されているはずもなく，形態水準表に載っていない反応も実際問題としてはしばしば出現する。その場合は，水準表の似た反応を探し，そこから類推して付けるということになる。たとえば，Ⅵ図版Wで，三味線というのはエクスナーの形態水準表にはないが，ギターがuであるので，uとして差し支えないであろうといった具合である。

　二つ以上の対象が反応に含まれていて，その重要性が同等である場合は，原則として，形態水準の低い方を付ける。たとえば，Ⅷ図版Wで，「クマ（D1）が家（D6）に登っている」という反応であれば，D1の「クマ」は，oであるが，D6の「家」は−であるので，この反応の形態水準は−とコードされる。ただし，たとえば，X図版Wで，「虫がたくさんいる。これがクモ（D1）で，

これが青虫（D4）で，これがバッタ（D7）で，これがハチ（D8）」という反応の場合，ハチはuであるが，それ以外はすべてoであり，Wとしてもoである。このように形態水準の低い反応の重要性が低い場合には，下げないこともあり得る。

＋	o水準の反応の形態を，より的確に詳細に説明している
o	多くの人に一般的に見られる反応で，形態はブロットの輪郭に適合している
u	出現頻度はそれほど高くないが，形態はブロットに適合している
－	ブロットの輪郭を無視し，逸脱し，あるいは歪めた反応

4．反応内容と平凡反応

1）反応内容（Content）

反応内容は，下記の26種類が定められており，それに当てはまらないものはすべてId（その他）とコードする。一つの反応に二つ以上の内容が述べられている場合は，「，」で区切って，すべてコードする。決定因のブレンドが出現順であったのとは異なり，反応内容は，中心となる内容を最初にコードする。

H	人間	人間の全身像
		それが歴史上実在した人物であれば，Ayを付加する
(H)	非現実的人間	想像上か架空の人間の全身像
		ピエロ，妖精，幽霊，悪魔，天使，王様など
Hd	人間の部分	人間の部分像
		手，足，指，頭，顔，上半身，下半身，首のない人など
(Hd)	非現実的人間の部分	想像上か架空の人間の部分像
		魔法使いの顔，ピノキオの鼻，さまざまな種類のお面など
Hx	人間的体験	形態のないMで，人間の情緒や感覚的体験
		愛，憎しみ，怒り，抑うつ，幸福，音，臭いなど
		形態のあるMでは，「二人の人が深く愛し合っていて，熱い眼差しで見つめ合っている」など
		多くは特殊スコアのABがコードされる

A	動物	動物の全身像
(A)	非現実的動物	想像上か架空の動物の全身像
Ad	動物の部分	動物の部分像，動物の毛皮
(Ad)	非現実的動物の部分	想像上か架空の動物の部分像
An	解剖	骨，筋肉，内臓など
Art	芸術	芸術的作品，絵，イラスト，彫像，宝石，紋章，装飾品など
Ay	人類学	特殊な文化的，歴史的意味をもつもの トーテムポール，タイの寺院，ナポレオンの帽子，縄文土器など
Bl	血	血
Bt	植物	花，草，木といった植物，または葉，茎など植物の部分
Cg	衣服	帽子，靴，スカート，ズボン，ネクタイ，コートなどの衣服
Cl	雲	雲
Ex	爆発	爆発，花火など
Fi	火	火または煙
Fd	食物	食べ物，アイスクリーム，野菜，フライドチキンなど
Ge	地図	地図
Hh	家財	家具，家財，家庭用品，ベッド，いす，コップ，ナイフなど
Ls	地景・海景	山，岩，丘，洞窟，島など地面を含む光景あるいは珊瑚礁といった海景
Na	自然	BtやLs以外の自然，太陽，海，霧，氷，嵐，虹，竜巻など
Sc	科学	科学製品，顕微鏡，ロケット，飛行機，船，車，テレビなど
Sx	性	性器および性的活動，ペニス，女性器，乳房，性交，堕胎など 普通は付加コードとして，H，Hd，Anに付けられる
Xy	エックス線	エックス線写真 骨や臓器が含まれても，Xyを付けたらAnは付けない
Id	その他	その他

ただし，Na，Cl，Bt，Ls，Geが一つの反応で重なっている場合は，重ねてコードはしない。NaあるいはClが優先的に付けられるが，NaとClはな

く，Bt, Ls, Ge が重なっている場合は，どれか一つを付ける。たとえば，「これは動物で，枯れ木と岩の上に立って，池をのぞいている」という反応の場合，反応内容はすべてコードすると，A，Bt, Ls, Na となるが，A, Na だけ付ける。もし，この反応が，「動物が枯れ木と岩の上を歩いている」であれば，反応内容は，A，Bt または A，Ls となる。これは，Na, Cl, Bt, Ls, Ge が，「孤立指標」を計算するのに使われるからである。一つの反応で過度に計算されないようにするためである。Na と Cl の重みづけが，Bt, Ls, Ge より重いので，Na あるいは Cl が優先される。

　意外に迷いやすいのが，Ls（Landscape）である。日本語に直訳すると，「風景」となるが，「風景」という言葉は，地面だけではなくて，木や川や風，さまざまな自然の風物を含むという語感がある。しかし，英語の Landscape はあくまで，Land（地面，土地）の Scape（光景）である。したがって，Ls は基本的に岩や石といった地面が展開している景観である。Ls は Seascape も含むが，これも海のなかの珊瑚礁や岩礁の光景を指す。

　あとは，ギターといった楽器も迷う場合がある。装飾が施された芸術的なものであれば，Art が，エレキギターのように科学製品として考えるのが適切であれば Sc をコードすることがあり得る。

　反応内容に関しては，さまざまな解釈仮説が喧伝されているが，実証的に妥当性が認められた仮説は少なく，ある特定の反応内容を出したからといって，そこから普遍的な解釈を導き出すことは，包括システムでは行なわない。これまでの実証研究では，特定の反応内容に妥当性の認められる解釈仮説は，見出されていないからである。人間反応の内容や質は，解釈時に重視されるが，あとは孤立指標や知性化指標といったいくつかの指標に含まれている反応内容が解釈に影響してくる。もちろん個人のプロトコルにおいて，個人的な意味を有しているような反応内容については，その個人的意味を探ることになる。たとえば，お面という（Hd）反応が多く，しかもそれらの形態水準がマイナスばかりである場合，その被検者にとって，それらの反応はどのような意味をもち，どのように体験されているのかといったことを読み込んでいく。

	エクスナー（1995）の P	高橋ら（2002）の P
I 図版	W　コウモリ，チョウ	W　コウモリ，動物の顔
II 図版	D1　四足獣	W　二人の人間，D1　動物
III 図版	D9　人間	D9　人間
IV 図版	W か D7 人間，人間の形をしたもの	W か D7　人間，人間類似のもの
V 図版	W　コウモリ，チョウ	W　チョウ，コウモリ
VI 図版	W か D1　動物の皮，毛皮	W か D1　毛皮，W　楽器
VII 図版	D9　人間の顔（D1, D2, Dd22）	W　二人の人間
VIII 図版	D1　四足獣	D1　四足獣
IX 図版	D3　人間，人間の形をしたもの	なし
X 図版	D1　クモ，カニ	なし

2）平凡反応（ポピュラー：Popular）

　三分の一のプロトコルに生じる反応を「平凡反応」と呼び，P というコードを付ける。包括システムでは，P は 13 個定められている。平凡反応は，指定された領域と反応内容は一致したときに付ける。高橋ら（2002）[1]による日本人の P は，12 個あり，いくぶんエクスナー（1995）[9]のものと異なっている。網掛けはエクスナーの P と異なっているものである。P は多すぎると紋切り型の反応を，少なければ個性を強調した反応をする人であると考えられる。

　IV 図版 W か D7 の「怪獣」は，(A)のようにも思われるが，たとえしっぽがあっても立位で人間様の存在として(H)とスコアし，P を付ける。

【練習問題1】

　特殊スコアを学ぶ前に，これまで学んできたことを振り返って，以下の反応をスコアしなさい。ただし，特殊スコアを付ける必要はない。

I　　1　コウモリ（コウモリが羽を広げて飛んでいる。黒いし：W）

　　　2　鬼のお面（全体で，ここが目で，ここが口，これが角：WS）

II　　3　動物が2匹（前足で，後ろ足で，胴体。クマみたい：D1）

　　　4　人が二人喧嘩をして，足から血が流れている（ここと，ここ。頭で

　　　　　　体。血が足から流れている〈血に見えるのは？〉赤いし，垂れてるから：W)

　　　　5　宇宙船が火を噴いて飛んでいる（宇宙船〈S〉で，赤い火〈D3〉を噴射して飛んでいる）

Ⅲ　　6　二人の人がおしゃべりしている（こことここ。頭で，手で，足：D9)

　　　　7　虫（ここが手で，目で，体が半分しかない：D1)

Ⅳ　　8　すごく大きい怪獣（手で，足で，尻尾。〈すごく大きい？〉足がでかくて，頭が小さくて，見上げてる感じ：W)

Ⅴ　　9　ガ（ガの標本〈標本？〉ピンでとめられてるみたい：W)

Ⅵ　10　毛皮（トラの毛皮の敷物。前足で足で，体。〈毛皮に見えるのは？〉周りがぎざぎざだから〈輪郭を指す〉：W)

　　　11　三味線（全体で持つとこ。これは〈Dd24〉いらない)

Ⅶ　12　二人の女の子が仲良く，楽しそうに踊っている（顔で，手をこうして〈身振り〉），ここが体。ポニーテールの髪の毛がピョンとはねてる：W)

Ⅷ　13　トラが水を飲みに来て，湖に映った自分の姿を見ている（これがトラで，これが岩で，木。それがこっちに映っている：W)

　　　14　きれいな花（ここが花びらで，茎で，葉っぱ。〈きれいな？〉豪華なラン。ランの花びらはこういう形：W)

　　　15　氷山（ここ。青くて，冷たそう〈冷たそう？〉色が薄かったり，濃かったりして，触ると，ぴたって吸い付くくらい冷たそう：D5)

Ⅸ　16　ランプ（これがランプで，ガラスの奥でろうそくが燃えている〈ガラスの奥でろうそくが燃えている？〉これが〈DS8〉，色が薄くなっていてガラスに見えて，その奥で，ボーっとろうそくが燃えているように見える：WS)

　　　17　山が噴火している（これが山で，煙が出てて〈D1〉，これが〈D6〉赤い溶岩が吹き出ている：逆位置 W)

Ⅹ　18　人の顔（これが，髪で，目と，鼻と，ひげ：DdS22)

19 カエル（前足で，後ろ足で，ぴょんと飛んでる：D7）
20 きれいなピアス（これとこれ〈D1〉。ここが耳につけるところで，青くて，きらきらしてる〈きらきら？〉色が濃かったり，薄かったりして光ってるみたいに見える）

【解　答】
間違えたところは，テキストのその箇所に戻って，復習すること。

I	1	Wo	FMa.FC'o	A	P	1.0	
	2	WSo	Fo	(Hd)		3.5	
II	3	Do1	Fo	2	A	P	
	4	W+	Ma.mp.CFo	2	H, Bl		4.5
	5	DS+5	ma.CFo		Sc, Fi	4.5	
III	6	D+9	Mpo	2	H	P	4.0
	7	Do1	F−		Ad		
IV	8	Wo	FDo	(H)		P	2.0
V	9	Wo	mpo	A		1.0	
VI	10	Wo	Fo	Ad		P	2.5
	11	Ddo99	Fu	Ay			
VII	12	W+	Ma.mao	2	H	P	2.5
VIII	13	W+	FMp.Fro	A, Ls		P	4.5
	14	Wo	Fo	Bt			4.5
	15	Dv5	C.T	Na			
IX	16	WS+	FV.mpu	Hh			5.5
	17	Wv/+	ma.CFo	Ex, Ls			5.5
X	18	DdSo22	F−	Hd			
	19	Do7	FMa−	A			
	20	Do1	CF.YFu	Art			

5．特殊スコア（Special Scores）

　特殊スコアは，スコアリング最後の山場である。反応に一般的ではない特徴が見られるときにコードする。特殊スコアを付けることによって，質的に解釈されてきた反応の特徴を数量化することが可能になる。包括システムには15種類の特殊スコアがある。六つは認知障害に関するもので，一つが固執に関係し，別の五つは自己知覚と対人関係の知覚に関するものであり，残りの三つは，特定の防衛機制にかかわるものである。

１）認知障害に関する特殊スコア　　（DV, DR, INC, FAB, CON, ALOG）

　認知のずれを調べるのに，特に重要な特殊スコアが六つ（critical 6 special scores）ある。そのずれの重大性に応じて重みづけられた得点を課され，合計点が Wgtd Sum6（Weighted Sum 6：ウェイティッド・サムシックス：六つのスコアの重みづけられた合計点）として，認知障害の有無あるいは程度を表わすと解釈される。ALOG と CON は，それがあっただけで，それぞれ 5 点と 7 点という大きな得点が加算されるが，その他の 4 種類のスコアは，その認知のずれの重症度に応じて，比較的軽いレベル 1 と，重いレベル 2 とに区別され，得点の重みづけが異なる。レベル 1 は，認知のずれは生じてはいるが，不注意さや未熟さ，教育の不足を示す，一般的に生じ得る程度の認知のずれを示す。まだかわいいという感じ。それに対し，レベル 2 は，著しく逸脱した，病的な思考の障害を表わすものである。非常に奇妙なおどろおどろしい感じがする。どちらか迷った場合には，控えめにレベル 1 を付ける。

　（ａ）　**不適切な言語表現に関するもの（DV, DR）**

　思考の乱れや混乱，逸脱は，言語表現の乱れや混乱，逸脱として表われる。そうした現象が起きたときにコードするのが，DV（Deviant Verbalization：逸脱言語表現）と DR（Deviant Response：逸脱反応）である。DV は，単語

や反応のごく一部に表われた変な表現であり，DR は，反応全体の表現のおかしさを示す。いずれにせよ，相手にはっきりとわかるように伝えることが妨げられているような，逸脱した表現にコードする。

　DV には 2 種類ある。一つは，「馬から落ちて落馬して」とか，「信号を右に右折して」式の二重の表現である。「大きな巨人」「からっぽの空き家」「死んだ死体」といった例が挙げられる。もう一つは，間違った言葉遣いと造語である。たとえば，「歌舞伎のくまどり」を「歌舞伎のふちどり」と言ったり，「らくだのキャラバン」を「らくだのキャバラン」と言ってしまったり，あるいは勝手に言葉を作ってしまう。統合失調症の「造語」も DV であり，多くは非常に奇妙で，DV2 がコードされる。

　さまざまな「辞書にない」言葉，不適切な言葉に DV がコードされるが，DV はレベル 1 で 1 点，レベル 2 でも 2 点と比較的軽微な認知のすべりであり，健常成人の日常生活でもときには見られるものである。言葉を練る習慣や訓練の乏しい人，少し難しい言葉を使ってみようと無理した場合，あるいは人にきちんと伝える構えや気持ちが弱い場合などに表われるようだ。

　ネコやクマといった「動物」の反応で，前足を「手」と表現することは，比較的よく見られるが，これは DV ではなく，次に述べる INC である。「手」という言葉は誤った言葉ではない。辞書に載っている適切な単語である。したがって，DV ではない。しかし「手」は，人やサルの，親指と他の 4 本の指を向かい合わせにして，何かをつかんだりできるものである。ネコやクマといった動物の爪のあるつかめない器官は「手」ではなく，「前足」である。動物にはない，「手」を動物に不適切につけてしまっているので，INC とコードされる。

　DR は，被検者が課題から離れていってしまう傾向を反映する。一つは，「不適切な言い回し」である。前者は，たとえば，「可憐な女の子」ならば適切であるが，「可憐なゾウアザラシ」となれば，DR である。ゾウアザラシには，「可憐な」という表現は一般的には使われない。あるいは，「どこにもいないような，誰も見たことのないようなチョウ」も，「どこにもいない」のにどうし

第 3 章　スコアリング　75

てここにいるのか,「誰も見たことない」とどうして言えるのか,不適切な言い方である。

　もう一つは,「無関係な言い分」,あるいは「的外れ」で「だらだらした」「しどろもどろ」の表現である。「無関係な言い分」の例としては,「船です。船はやはり帆船に限りますね」とか,「コウモリです。母はコウモリが大嫌いなんです」とか,「女性器ですね。これを作った人も関心があったんですね」などというように,「そんなことは聞いていないでしょう。今関係ないでしょう」といったことを述べている反応である。ちなみに,被検者自身の好き嫌いを述べている程度までは,DRを付けない。たとえば,「コウモリです。私はコウモリが大嫌いなんです」は,DRを付けない。関係のない「母」を持ち込んで,その好き嫌いにまで言及している場合にはDRを付ける。

　さらに「的外れで」「だらだらした」「しどろもどろ」の反応になると,「インドの地図。インドのことはよく知っているんですよ。インドを放浪したことがありましてね。あそこは衛生状態が悪くて,好きな人と嫌いな人がはっきり分かれますね」「原爆の爆発。イラク戦争では使われませんでしたが,イラクは本当に核兵器を持っているのですかね。もし,実際にはなかったとしたら,ブッシュ大統領はいけませんね。日本は唯一の被爆国として,この悲惨さを世界に訴えていくべきです」等々,当面の課題にとっては明らかに不適切であるので,比較的わかりやすい。

　一つ迷うとすれば,個人的な体験を述べている場合のDRと,後述のPERとの区別であろう。たとえば,「鉄砲です。私は狩りをするので,鉄砲を持っています」と,関係のないことを述べていればDR,「鉄砲です。私の持っている鉄砲はちょうどこんなのです」と,反応を正当化するために個人的な体験に言及していればPERとコードする。

　DRは,認知障害にかかわるSum6の一つであるが,主として,感情や欲求の干渉による思考の乱れを表わしていると思われる。刺激や反応内容が,被検者を何らかの意味で脅かし,否認や回避などの防衛が働いた際に,課題から離れ関係のないことを話したり,個人的体験や好悪といった感情,知識や意見の

ひけらかしといった形をとるのであろう。DRが堂々と述べられているのであれ、おどおどと述べられているのであれ、明確で焦点のあたった思考が、感情や欲求によって妨害されているとみなしてよい。

DRはレベル1で3点、レベル2で6点を付ける。DRによっては、DVを含む場合もあるが、その場合は、DRのみを付ける。

	レベル1	レベル2
DV（Deviant Verbalization：ディー・ブイ：逸脱言語表現） 不適切な単語、造語、二重表現	1点	2点
DR（Deviant Response：ディー・アール：逸脱反応） 不適切な言い回し、無関係な言い分、的外れでだらだらした表現	3点	6点

(b) 不適切な結合に関するもの (INC, FAB, CON)

これは、対象像や概念を、現実を無視・軽視して、結び付け、圧縮してしまうものである。INC（インコム）、FAB（ファブコム）、CON（コンタム）の3種類があり、INCとFABはレベル1と2に分けられる。

INCは、ブロットの部分やイメージが不適切に混ざり合って、一つの反応へと圧縮されている場合にコードする。たとえば、既述のように、動物に「手」がついてるのは比較的よく見られるINC（レベル1）である。あるいは「鳥の頭をもつ女の人」（レベル2）といったように、現実では別々の対象の部分が、現実を無視して結合され、一つの反応になっている場合である。また「赤いクマ」「黄色い目をした人の顔」（レベル1）のように、対象とその色とが現実にはないにもかかわらず、そのまま結びつけられている場合もある。INCのレベル1は2点、レベル2は4点と比較的少ない重みづけである。

FABは、ブロットに見られた二つ以上の対象が、現実にはあり得ない関係をもっている場合にコードする。たとえば、動物が人間的な動きをしていてMが付けられるときは、FABもコードされる。「二頭のクマが踊ってる」（レ

ベル1），「二羽のトリがお互いに挨拶をしている」（レベル1），「象がリンゴの上で逆立ちをしている」（レベル2）などである。「目から煙を出しているウサギの顔」（レベル2）もあり得ない。

また，現実には見えるはずのないものが透けて見える場合もFABである。たとえば，「男の人で，心臓がどきどき動いているのが見えます」（レベル2）といった反応である。

FABは，レベル1が4点，レベル2が7点の重みづけがされている。

INCとFAB，それに次に述べるCONは，自我境界（エゴ・バウンダリー）の障害に関係していると思われる。レベル1のINCやFABは，バウンダリーが不確かで定まらない思春期のプロトコルでは比較的よく見られる。たとえば，ディズニーランドで動物たちが，歌い，踊っているような，非現実と知ってはいるが現実を軽視して，見たいように見るレベル1のFABは，思春期にありがちでそれほど問題とはならない。ただし，INCやFABの多いことは，「こうであってほしいから，こうだ」とか，「自分がこう思っているから，相手もこう思っているに違いない」とか，「過去もそうだったから，未来もそうに違いない」とか，欲求と現実，自他の思考や感情，あるいは時制を混同する傾向を反映しているように思われる。レベル2になると，こうした障害は深刻になってくる。たとえば，ブロットが，「象が逆立ちしている」ように見え，その下が「リンゴ」に見えたから，それが現実にあり得るかということは考慮せずに，「リンゴの上で象が逆立ちしている」と見えたままにそのままに言ってしまうような，思考の具象性，かたさを示す。それはそのまま，人や状況とのかかわり方の非柔軟性を反映しているようだ。

CONになると，このバウンダリーの障害は，重篤であることが示唆される。CONは，二つ以上の像を，現実を明らかに無視したやり方で，一つの反応に融合している反応である。INCとFABはそれぞれの境界はあって，それが不適切に結合されたり，関係づけられたりしているのであるが，CONになると，一つひとつのバウンダリーは消え去り，一つの領域に二つ以上の対象が同時に見られるのである。写真の二重写しのようである。たとえば，Ⅰ図版に

「コウモリ男の顔」と反応し,「ここが羽（D2）で，ここが体（D4）で，ここが目（上のS）で，口（下のS）」と答えた場合，コウモリのイメージと顔のイメージとが一つに融合してしまっている。「コウモリ」は平凡反応であり，「人の顔」も形態水準はoであるので，スコアは，WSo Fo (Hd) P ZS CONとなる。

CONはエクスナーのデータでは，700人の健常成人，315人のうつ病入院患者，440人の外来患者，180人の性格障害者には一人も見られていない。唯一見られるのが，統合失調症の入院患者のデータで，320人中，35人に見られている。バウンダリーが消失し，対象が融合するという反応は，統合失調症の幻聴や，させられ体験，思考奪取体験などと同類の体験を反映しているのかもしれない。ただし，子どもと思春期のプロトコルには，非常に稀ではあるが，標準データにおいてもCONが見られている。

CONでは，「コウモリ男」のように造語も用いられることも多いが，CONをコードした場合は，ほかの思考障害にかかわる特殊スコア（DV，DR，INC，FAB，ALOG）が付けられるとしても，それらは付けない。CONの重みづけは，7点であり，FAB2と並んで，最高得点である。

	レベル1	レベル2
INC　インコム 　ブロットの部分やイメージが不適切に混ざり合って，一つの反応へと圧縮されている反応	2点	4点
FAB　ファブコム 　ブロットに見られた二つ以上の対象が，現実にはあり得ない関係をもっている反応 　現実には見えるはずのないものが透けて見える反応	4点	7点
CON　コンタム 　二つ以上の像を，現実を明らかに無視したやり方で，一つの反応に融合している反応	7点	

（ c ） 不適切な論理に関するもの（ALOG）

ALOG（Autistic Logic：自閉的思考：エイログ）は，被検者が反応を正当化するために，自由反応段階から，自発的に無理な理由づけを用いた場合にコードする。自分だけに通用する，断定的で，単純化しすぎた論理を表わしている。ときに，質問段階で説明に窮して無理な正当化が生じる場合があるが，その場合は ALOG は付けない。ALOG は最初から，何の迷いもなく断定的に，「間違いない」「絶対」として述べられるのが特徴的である。一般的には，対象の大きさや，位置，色合いといった特徴から，具体的，断定的に強調することが多い。たとえば，「図版の一番上にあるから北極星に間違いない」「ウサギの横にあるからレタスに違いない」「図版全部を占めているから，とても大きなトリ」「大きな足だから大男にちがいない」「黒い帽子をかぶっているから悪人です」「口ひげが垂れているので，悲しんでいる人の顔です」，といった具合である。

ALOG は，レベルの区別なく，5 点を与えられる。ALOG も，子どもには見られるが思春期にはなくなっていき，健常成人では 4％にしか見られない。統合失調症の被検者により多く見られる反応であり，因果関係の推論が単純で誤っており，判断や行動の誤りにつながりやすい。

> ALOG　自閉的論理　エイログ　　　5 点
> 　反応を正当化するために，自由反応段階から，自発的に，無理な理由づけを用いた場合

2）固執反応（PSV）

ある種の認知的機能障害や著しい心理的なとらわれの存在を示すものとして，PSV（パーシバレーション：固執反応）がある。

PSV には三つの種類がある。一つは同一図版内の固執で，同じ一塊のスコアが二つの反応に続いてコードされる場合である。たとえば，V 図版で，「コウモリ」，続いて「鳥」と反応した場合，「コウモリ」は Wo　Fo　A　P

ZW とコードされ、「鳥」も、Wo Fo A ZW とコードされる。P と特殊スコアは同じである必要はないが、そのほかのコードがすべて同じ反応が、連続して出された場合、二つめの反応に PSV をコードする。PSV のほとんどは、この同一図版内の固執である。これは視点の転換の失敗を示すと考えられ、情報処理や意志決定に関する認知的な非柔軟性や固さを反映している。知的障害や神経学的障害あるいは心理的な麻痺といったことから生じ得る。成人のプロトコルで二つ以上の PSV が見られた場合は、神経生理学的検査によって認知機能を精査する必要がある。

　二つは、<u>内容の固執</u>である。一つめのものと異なり、普通は図版を越えて、「前に見たのとまったく同じである」とはっきり認めた場合にコードする。この場合スコアは同じである必要はない。たとえば、ある図版で「お城」を見た被検者が、その後の図版で、「あっ、これはさっきのお城です。今や火をつけられて燃えています」と、以前に見たものと同じであると明言している場合に、PSV をコードする。この PSV も視点の転換の失敗を表わしてはいるが、一般に精神病理的な状態によって引き起こされ、一つのことに著しく気をとらわれていることを示す。

　三つは、<u>機械的固執</u>である。これは知的障害や神経学的損傷のある被検者に見られる。被検者は、同じ反応を機械的に繰り返す。I 図「コウモリ」、II 図「コウモリ」、III 図「コウモリ」といった具合である。機械的固執は、一般に短くて単純なプロトコルに生じ、反応数も 14 未満で妥当性に欠ける場合が多い。

PSV　固執反応　パーシバレーション
　ⅰ）　同一図版内固執　同じスコアの反応が続く場合（P と特殊スコアは除く）
　ⅱ）　図版を越えた固執　以前に見たのと同じものをまた見る
　ⅲ）　機械的固執

第 3 章　スコアリング

3）自己知覚と対人知覚に関するもの
（MOR，COPとAG，およびGHRとPHR）

MOR（エム・オー・アール：Morbid：モービッド：損傷反応）は，反応の対象が，死んだり，壊れていたり，病気であったり，怪我をしていたり，腐っているなど，損傷を受けている場合と，陰気で憂うつな性質がはっきりと付与されている場合，たとえば陰気な家，悲しげな木，不幸な人，憂うつなどにコードする。

MORは児童のうつ病に関する研究から生まれ，自殺指標のなかにも入れられている。悲観的な思考と自己知覚に関係する。MORが2より大きい被検者は，何をしても悲観的な結果を予想しがちであるし，また否定的で傷ついた自己イメージを有していると仮定されている。

COP（cooperation：コップ：協力運動反応）とAG（aggression：エー・ジー：攻撃運動反応）の二つは，対人関係の知覚に関係する。COPは，明らかに協力的か肯定的な運動が見られている場合，AGは明らかに攻撃的な運動が見られている場合にコードする。

COPは，たとえば，「二人で踊っている」「顔を寄せて楽しそうに話している」「一緒に荷物を持っている」「ヒナにえさをやっている鳥」といった反応である。単に「見ている」とか「話している」だけでは，COPはコードされない。何で見ているのか，何を話しているのか不明だからである。

AGは，たとえば，「2匹のクマが戦っている」「銃弾が心臓をぶち抜いている」「言い争いをしている二人の人」「にらみつけている顔」といった反応である。AGとコードするには，攻撃的な行動が現在行なわれていなければならない。「撃たれたクマ」とか「爆破された建物」といったように，過去に攻撃を受けたものにはAGは付けない。むしろMORが付けられるであろう。爆発それ自体はAGではないが，爆発によって何かが破壊されていればAGである。

MOR	モービッド	損傷反応	対象が損傷を受けている場合 陰気で憂うつな性質が明白に付与されている場合
COP	コップ	協力運動反応	明らかに協力的または肯定的運動反応
AG	エージー	攻撃運動反応	明らかに攻撃的な運動反応

　人間表象反応（Human Representational Responses：GHR〈Good Human Representation〉と PHR〈Poor Human Representation〉）は，①人間反応［H，(H)，Hd，(Hd)，Hx］，②M反応，③COPまたはAGの付くFM反応の3種類にスコアされ，他者をどう見て，どうかかわるかということに関して情報を提供する。人間表象反応には，以下の基準に従って，GHR（good：良質）または PHR（poor：劣質）の特殊スコアが付けられる。コードが確定されるまで，ステップ順に検討していく。

1　Pure H で次の条件をすべて満たす場合は，GHR とする。
　1）形態水準が，＋，o，u のいずれかである。
　2）DV を除いて，認知に関する重要特殊スコアが付いていない。
　3）AG も MOR も付いていない。
2　次のいずれかの場合は，PHR とする。
　1）FQ－または FQnone（無形態反応）である。
　2）形態水準は＋，o，u であるが，ALOG，CON，レベル 2 の重要特殊スコアが付く。
3　残りの人間表象反応のうち，COP は付くが，AG は付いていない場合，GHR とする。
4　残りの人間表象反応のうち，次のいずれかの場合は，PHR とする。
　1）FAB または MOR が付く。
　2）An（解剖）反応である。
5　残りの人間表象反応のうち，Ⅲ，Ⅳ，Ⅶ，Ⅸ図版で P 反応の場合，GHR とする。
6　残りの人間表象反応のうち，次のいずれかは PHR とする。
　1）AG，INC，DR のいずれかが付く。
　2）Hd とコードされている場合。
7　残りの人間表象反応は，GHR とする。

4）特定の防衛機制に関するもの（PER，AB，CP）

　PER（ピー・イー・アール：personal：パーソナル：個人的反応）は，被検者が反応を正当化するための根拠の一つとして，個人的な知識や経験を持ち出した場合にコードする。たとえば，「テレビで見たことがある」「職場でこういうのを使っているんですよ」「こういうのを持っていました」などである。

　PER が多い人は，自己イメージを防衛しようとする欲求の強い人であると仮定されている。「自分は実際体験したのだから正しい」と主張することによって，検査者からの疑問や挑戦に対して，自分を守ろうとしていると考えられる。内心の不十全感や脆弱感を隠して，対人関係において，権威主義的で攻撃的な表現をしやすい。

　AB（abstract：アブストラクト：抽象的内容）は，一つは反応内容に Hx（人間的経験）がコードされた場合である。たとえば，「ひどい臭いだ。あっちにやってくれ」「これを見ると至高の愛と幸福を感じます」「耳をつんざくような音です」など。二つは，被検者が明確に象徴的な表象を述べた場合につける。たとえば，「悪を象徴している仮面」「美と知を表わしている踊り」「国際協力を表わす像」などである。単なる「抽象画」という反応で，何もはっきりと表象されていないのであれば AB は付けない。

　ABは，知性化による自己防衛に関係していると仮定されている。ABは2倍の重みづけをされて，反応内容の Art および Ay とともに，知性化指標を構成している。

　CP（カラー・プロジェクション：color projection：色彩投影反応）は，ブロットの無彩色の領域にはっきりと有彩色を認め，口にした場合にコードする。たとえば V 図版に「きれいなチョウ」と反応し，質問段階で「きれいな」を確認したところ，「美しい，赤と黄色の色鮮やかな熱帯のチョウです」と反応するような場合にコードする。あるいは，Ⅳ 図版に「紫色のベルベットのコート」と最初から有彩色を述べる場合もある。ブロットの濃淡という特徴を用いて有彩色を見ていることが多いので，Y の有無を質問で確認することが

必要になる。CPは，実際に有彩色があるわけではないので，決定因にFC，CF，Cはコードされない。

　色を言い間違えている場合は，DVをコードする。言い間違いではなく色を見誤っている場合は，色覚検査を要する。

　CPは，ピオトロフスキーによって導入されたコードである。CPの出現頻度は低く，健常成人で1%である。望まない，否定的な感情を扱う防衛機制として，否認が乱用されていることに関係していると仮定されている。無彩色（抑うつ感などの否定的感情）やそこから生じる無力感を否認し，現実を曲げてでも，明るい，肯定的な感情（有彩色反応）を見ようとする防衛機制が働いていると考えられる。

PER（パーソナル：個人的反応）
　　反応を正当化するための根拠の一つとして，個人的な知識や経験を持ち出した場合
AB（アブストラクト：抽象的内容）
　　反応内容にHx（人間的経験）がコードされた場合
　　明確に象徴的な表象を述べた場合
CP（カラー・プロジェクション：色彩投影反応）
　　ブロットの無彩色の領域にはっきりと有彩色を認め，口にした場合

まとめとして，以下の問題を解いてみよう。

【練習問題2】
以下の反応をコードしなさい。

Ⅰ　1　コウモリ（羽で，体，ここ〈D1〉が手）
　　2　羽のついた人（真ん中が体で，これが羽。イカルスみたい。イカルスについて読んだ本の挿絵にそっくり。絵で見たように羽を広げて飛び立とうとしている：W）
　　3　大学の徽章（たぶん「學」だと思う。早大のにはあったかなあ。稲

第3章　スコアリング　85

		穂かなあ：W）
II	4	二頭のクマが手を合わせて踊っている（こことここ〈D1〉。これが手）
	5	人の顔（撃たれて穴があいてる。鼻がふっとんで，血が飛び散っている。恐ろしい死に方だけど，彼にはそういう死に方がふさわしい。そういう死に方がふさわしい人もいる：WS）
III	6	コックが二人（二人の人が肺を引き裂いている。彼らはコックに違いない〈コック？〉そう，いったいほかに誰が肺を引き裂くというんだ：D1）
	7	支配者の仮面（『オペラ座の怪人』や『三銃士』といった古い映画を見れば，こういう仮面をかぶっている。支配者はいつでも赤い仮面をかぶっている。そういう映画を何度も見た：W）
IV	8	毛むくじゃらの大男（大きな足で，頭が小さくて，手も小さい。これ〈D1〉がペニス。〈毛むくじゃら？〉毛がもさもさしてて〈図版に触る〉，ペニスまで毛むくじゃら：W）
	9	変な動物（頭で，前足，後ろ足。バッファローに似てなくもないけど，こんな動物は見たこともない：W）
V	10	蝶（羽を広げた蝶が立っている：W）
	11	蝶（羽の先がザリガニのハサミになっている：W）
VI	12	三味線（猫でできてる三味線。おなかもサオもひげも全部猫でできてる：W）
	13	男性器（勃起しているペニスが精子をほとばしらせている〈Dd22〉。あちこちに精子が飛び散ってめちゃくちゃ。それが男のすること。何でもめちゃくちゃにする：W）
VII	14	真ん中が空虚真空（何もないから真空に違いない〈よくわからないのですが？〉何もなければ真空だ。真空は何もないことだ：DS7）
	15	鶏の唐揚げ（ここ〈D3〉。昨日食べたけど，こんなだった）
VIII	16	赤いクマ（前足，後ろ足，体。赤いクマ：D1）

17　動物の戦い（これが生きている内臓〈D2〉で，そこからモグラが2匹生まれて〈D1〉，その間で蝶とコウモリが戦っていて，蝶はコウモリに頭を食べられた：W）

IX　18　フルーツポンチ（赤い桃〈D4〉，青リンゴ〈D1〉，オレンジ色のみかん〈D3〉。七夕にはみかんが食べたいって書いたの：W）

X　19　弱気（全体で弱気。この赤の濃淡が弱気を表わしている）

　20　ウィッシュボーン（ここ〈D3〉の形。家でもときどきそうするけど，私にはばかげてるとしか思えない。七面鳥の骨を引っ張って何になるの？　何にもならない。でも，とにかくこれは，私たちが引っ張っていたウィッシュボーンに見える）

【解　答】

I	1	Wo	Fo	A	P	1.0	INC
	2	Wo	Mao	(H)		1.0	PER，GHR
	3	Wo	Fo	Art		1.0	DR
II	4	D+1	Mao	2	A　P	3.0	COP，FAB，GHR
	5	WS+	ma−	Hd，Bl		4.5	MOR，DR，PHR
III	6	D+1	Ma−	2	H，An　P	3.0	COP，ALOG，PHR
	7	Wo	CF−	(Hd)		5.5	ALOG，PER，PHR
IV	8	W+	FD.FT−	H，Sx	P	4.0	INC2，PHR
	9	Wo	Fo	A		2.0	DR
V	10	Wo	Mpo	A	P	1.0	INC，PHR
	11	Wo	Fu	A	P	1.0	INC2
VI	12	Wo	Fu	Art		2.5	INC2
	13	W+	Ma.ma−	Hd，Sx		2.5	DR，PHR
VII	14	DSv7	F−	Id			ALOG
	15	Dv	F−	Fd			PER

第3章　スコアリング

Ⅷ	16	Do 1	FCo	A	P	INC	
	17	W+	FMa−	2	A, Ad, An	P	4.5
		AG, MOR, FAB 2, PHR					
Ⅸ	18	Wv/+	C	Fd	5.5	DR	
Ⅹ	19	Wv	Mp.C.Y	Hx		AB, PHR	
	20	Do 3	Fo	Id		DR, PER	

【練習問題3】

次にあげた事例のプロトコルを，コードしなさい（領域図は209頁参照）。この事例は，構造一覧表の作り方および解釈の基礎のところでも使用する。

19歳　女性

Ⅰ	1	チョウ。	全体で見て，羽，胴体。
	2	ガ……ガかな。	同じようで，羽で，ガにある触覚みたいの。模様（S）。
	3	あと，鬼のお面。	目で（上のS），口で（下のS），これが舌で，角で，輪郭。
	4	コウモリみたいな……ですね。	羽で，胴体。
Ⅱ	5	人が二人いて，手と足のすねをくっつけているような。あとは，見えないですね。	これ（Wの半分）人で，手で，足。すねと手をくっつけてる。
Ⅲ	6	なんか，お化け。カエルのお化け。	ふわって浮かんでいるのが二つ火の玉みたい。カエルみたいな目で，鼻で，口で，前足。 （火の玉？）上の伸びたところが，テレビで見たみたいな形で，赤いし。

	7	人が二人いて，同じかっこうして向かい合ってる。	これが人で，こっちも人で，向かい合っている。手で，足で，ものに手をついてる。（もの？）石。
IV	8	大きな怪獣。	足で，下から見上げた感じ。尻尾で顔。これとこれが手。 （見上げた？）足が極端に大きいから。
V	9	ガ。	これが羽。触覚じゃなくて，変な角みたい。
	10	あとワニみたいなのが2匹。変になって生まれてきちゃったの。	これワニで変異しちゃって，顔が二つで体が一つ。
VI	11	なんかのマーク……かな？	カナダのマークに。もみじっぽいような。
	12	キツネが横たわっているのが…… あっ，重なって横になってる。	これが顔で，これも顔で，なんか死んじゃっているような。倒れてる。 足で，足を開いた状態で倒れてる。（重なって？）背中合わせ。 （キツネ？）ひげと耳。
VII	13	犬が二匹，上半身だけあげてる。	犬の顔で，前脚で，せがんでるような。お座りした状態で，上半身だけ。（せがんでる？）食べ物ちょうだいって。喜んで飛びつこうとしてるみたい。
	14	女の人が二人。お互い向き合っている。	顔で，キスしようとしているみたい。上半身だけ。
	15	マークにも見える。	牛のマークみたい。これが角で，頭。
VIII	16	クマが二匹いて，岩を登っている。	クマがこういて，岩みたいな山みたいの登ってる。岩で，山。（岩？）

		あっ,登ってるっていうか,山みたいな…… 山みたいな岩。 動物が座ってる。	ごつごつしてる。(ごつごつ?)色の色彩がとがっているように見える。 (色の色彩?)濃いところと薄いところがある。(山は?)とがった形。 で,これが動物。大きな動物に見える。親グマみたいな。足で,尻尾。 これが(親グマ)土台になって,これが(D1)登っていこうとしている。
IX	17	リュウが二匹向き合ってる。	これとここの部分(D3)。角で,口,顔で,うねってる。(うねってる?) 体を突き出してる。背筋を伸ばして。
	18	炎がこう,三色に燃え上がってる。 下から剣が出てきたような感じ。	ここらへんの感じが,でこぼこが激しくて(縁),炎がめらめらって。色もそんな感じ。炎のなかから剣が飛び出してるって言いましたよね。炎が剣を囲んでる。勇者の剣。守られている。炎に。寄らないように守ってる。盗もうとする人がいるから。
	19	あと,かぶ。	かぶのような,花のような。(どっち?)かぶですかね。これがかぶで,これが葉っぱ。
X	20	人がおでこを,お互いぶつけそうになってる。	倒れそうで,衝突しそう。ここが人で,手で,おでこ。ここらへんがぶつかりそう。急いでいて,衝突しちゃう。
	21	おじさんの顔。	ここが目で,鼻で,ひげ(DdS22)。
	22	水槽の中。	これが珊瑚で,これがカニ,魚。(珊瑚?)赤くて,形がごつごつしてる。(形がごつごつ?)ここらへんが色的に。向き合ってるから影になって,暗くなって,水が入る

		からけずれちゃってる。
23	妙な虫みたい。	これとこれが，クモみたく見える（D1）。クモがたどって，巣を作ろうとしている。場所を決めて，上に登っていってる。（妙？）クモにも見えるけど，足の数とか，けずれちゃってる。妙かなっていう。
24	時計。	ここだけ。これが針。（動いてる？）止まってる。

【課題2】

　臨床場面以外で，検査者として，健常成人を対象にロールシャッハ法を施行すること。授業等グループで学習している場合は，お互いに施行し合うことによって，【課題1】（39ページ）と【課題2】とをここで行なうこと。

【課題3】

　【課題1】と【課題2】で得た，自身のプロトコルと健常成人のプロトコルとをコードする。

　グループで学習している場合は，お互いのコーディングを検討し合うと，学習が進む。

　独学している場合でも，共に学ぶ仲間を見つけることを強く勧める。

第4章
構造一覧表の作り方

1. コンピュータによるスコアリング補助プログラムについて

　スコアをしただけでは解釈への道の途中である。構造一覧表を作成すると，被検者の人格構造が見えてくる。

　構造一覧表を作成するには，①スコアの継列表を作り，②各変数の頻度を記録し，③種々の計算を行なう，という手順が必要であるが，コンピュータのスコアリング補助プログラムを使うと，スコアを入力しさえすれば，①〜③を自動的に行なって，スコアの継列表や構造一覧表をプリント・アウトしてくれるので時間と手間を省ける。

　プログラムはいくつかあるが，第一候補は，エクスナーとワイナーが監修しているRorschach Interpretation Assistance Program（RIAP）であろう。これはPersonality Assessment Resourcesという米国の心理テスト販売会社のホームページで購入できる。ただし購入資格があるかどうかの審査がある。2003年5月15日に発売されたWindows版のVersion 5で，399ドルである。問題は，ここにさらに送料など100ドルほどが付加されるので，かなり高価であることと，購入手続きとマニュアルや出力される簡易レポートが，すべて英語であるということであろうか。とはいえ，クリック一つで入力できて，使い勝手はよいし，何よりプロトコルを集積して，データベースを作り，SPSSに

出力して統計分析にかけられる点がよい。

　日本語で利用できるプログラムとしては，エクスナー・ジャパン・アソシエイツが，エクセルを使ったスコアリング補助プログラムを開発して，1,000円で販売している。これは，入力がやや煩雑で，著作権を考慮してのことであろうが，構造一覧表の位置関係がエクスナー版と異なっていて，筆者には見にくいという印象がある。

　ほかに，法務省の遠藤隆行氏が作成したフリー（無料）のプログラムがある。これは入力もしやすく，何より無料が嬉しいすぐれものであるが，惜しむらくは，作成年が古く，ここ数年のうちに変更された，人間表象反応やXA％，WDA％といった，いくつかの変数や比率，指標が入っていないということである。

　コンピュータによるスコアリング補助プログラムを利用するにしても，各比率や数値の計算方法や意味を理解しておくことは不可欠であるので，第3章の【練習問題3】でスコアした事例を使って，以下に順を追って説明する。コンピュータプログラムを使わない場合，ロールシャッハ検査記録用紙を使うと便利である。本書では，RIAP（Ver.5）により作成した構造一覧表等を用いて説明を行なう。

2．スコアの継列表の作り方

　まずスコアの継列表（Sequence of Scores）を作成する。表4-1は「事例」のスコア継列表である。必要な情報は，図版番号，反応番号，領域と発達水準，領域番号，決定因，ペア，内容，平凡反応，Zスコア，特殊スコアの各項目である。プロトコルに記録した反応のスコアを反応順に一覧表にすることによって，構造一覧表の作成が容易になる。また，スコアの継列は，解釈時に継列分析を行なう際に有用である。

　図版へのアプローチ（Summary of Approach）には，図版ごとの領域への接近方法をまとめて記載する。

表4-1　事例のスコアの継列

Client Information

Client Name: Jirei Fujioka	Gender: Female	Test Date:
Client ID:	Date of Birth:	Description:

Sequence of Scores

Card	Resp. No	Location and DQ	Loc. No.	Determinant(s) and Form Quality	(2)	Content(s)	Pop	ZScore	Special Scores
I	1	Wo	1	Fo　チョウ		A	P	1.0	
	2	WSo	1	Fo　が		A		3.5	
	3	WSo	1	Fo　鬼のお面		(Hd)		3.5	GHR
	4	Wo	1	Fo　コウモリ		A	P	1.0	
II	5	W+	1	Mpo　2人、子どすねっつてる	2	H		4.5	GHR
III	6	W+	1	mp.CF-　カエル　おばけ	2	Fi,(A)		5.5	PER
	7	D+	1	Mpo　2人 向かい あっ2人	2	H,Ls	P	3.0	GHR
IV	8	Wo	1	FDo　大きな怪獣		(H)	P	2.0	GHR
V	9	Wo	1	Fo　が		A		1.0	INC
	10	W+	1	F-　ワニ 変身	2	A		2.5	MOR, FAB
VI	11	Wo	1	Fu　カナダのマーク		Art		2.5	
	12	W+	1	FMpu　倒れてるキリン	2	A		2.5	MOR, DV
VII	13	Wo	1	FMa-　犬2匹 遊んでる	2	A		2.5	
	14	D+	2	Mao　女み　キス	2	Hd	P	3.0	COP, GHR
	15	Wo	1	Fu　チョウマーク		(Ad),Art		2.5	
VIII	16	W+	1	FMap.VFu　登る2人	2	A,Ls	P	4.5	FAB, DV
IX	17	D+	3	FMao　リュウス匹	2	(A),Ay		4.5	
	18	W+	1	ma.CF.FDo　炎と剣		Fi,Id		5.5	DR
	19	Ddo	99	Fu　かぶ		Fd			
X	20	Dd+	21	Ma-　人衝突しそう	2	H		4.0	PHR
	21	DdSo	22	F-　おじさんの顔		Hd			PHR
	22	W+	1	CF.VFo　水そうの中	2	A,Ls		5.5	MOR
	23	Do	1	FMao　妙な虫	2	A	P		MOR
	24	DdSo	99	F-　時計		Id			

Summary of Approach

I : W.WS.WS.W	VI : W.W
II : W	VII : W.D.W
III : W.D	VIII : W
IV : W	IX : D.W.Dd
V : W.W	X : Dd.DdS.W.D.DdS

© 1999, 2001 by Psychological Assessment Resources, Inc. All rights reserved.　　　　Version: 5.00.137

3．構造一覧表の作成

1）構造一覧表の上部（自殺指標〈S-Constellation〉を除く）

　構造一覧表（Structural Summary，表4-2参照）の上部は，下部を作成するための準備段階であり，単純である。すなわち，各変数の頻度を記入していけばよい。領域の特徴（Location Features）におけるZf（Z frequency）は，

表4-2 事例の構造一覧表

Client Information

Client Name: Jirei Fujioka	Gender: Female	Test Date:
Client ID:	Date of Birth:	Description:

Location Features

Zf	=	20
ZSum	=	64.5
ZEst	=	66.5
W	=	16
(Wv	=	0)
D	=	4
W+D	=	20
Dd	=	4
S	=	4

DQ

		(FQ-)
+ = 11	(3)
o = 13	(3)
v/+ = 0	(0)
v = 0	(0)

Form Quality

	FQx	MQual	W+D
+	0	0	0
o	13	3	13
u	5	0	4
-	6	1	3
none	0	0	0

Determinants

Blends
- m.CF
- FM.VF
- m.CF.FD
- CF.VF

Single

M	=	4	FD	=	1
FM	=	4	F	=	11
m	=	0			
FC	=	0			
CF	=	0			
C	=	0			
Cn	=	0			
FC'	=	0			
C'F	=	0			
C'	=	0			
FT	=	0			
TF	=	0			
T	=	0			
FV	=	0			
VF	=	0			
V	=	0			
FY	=	0			
YF	=	0			
Y	=	0			
Fr	=	0			
rF	=	0			

(2) = 12

Contents

H	= 3		Bt	= 0
(H)	= 1		Cg	= 0
Hd	= 2		Cl	= 0
(Hd)	= 1		Ex	= 0
Hx	= 0		Fd	= 1
A	= 10		Fi	= 2
(A)	= 2		Ge	= 0
Ad	= 0		Hh	= 0
(Ad)	= 1		Ls	= 3
An	= 0		Na	= 0
Art	= 2		Sc	= 0
Ay	= 1		Sx	= 0
Bl	= 0		Xy	= 0
			Idio	= 2

S-Constellation

- ☑ FV+VF+V+FD > 2
- ☑ Col-Shd Blends > 0
- ☑ Ego < .31 or > .44
- ☑ MOR > 3
- ☐ Zd > ±3.5
- ☑ es > EA
- ☑ CF + C > FC
- ☑ X+% < .70
- ☑ S > 3
- ☐ P < 3 or > 8
- ☐ Pure H < 2
- ☐ R < 17
- 8 Total

Special Scores

	Lvl-1	Lvl-2
DV	2 x1	0 x2
INC	1 x2	0 x4
DR	1 x3	0 x6
FAB	2 x4	0 x7
ALOG	0 x5	
CON	0 x7	
Raw Sum6	=	6
Wgtd Sum6	=	15
AB	= 0	GHR = 5
AG	= 0	PHR = 2
COP	= 1	MOR = 4
CP	= 0	PER = 1
		PSV = 1

RATIOS, PERCENTAGES, AND DERIVATIONS

AFFECT

R = 24   L = 0.85

EB	= 4 : 3.0	EA	= 7.0	EBPer	= N/A
eb	= 7 : 2	es	= 9	D	= 0
		Adj es	= 8	Adj D	= 0
FM	= 5	SumC'	= 0	SumT	= 0
m	= 2	SumV	= 2	SumY	= 0

FC:CF+C	= 0 : 3
Pure C	= 0
SumC' : WSumC	= 0 : 3.0
Afr	= 0.60
S	= 4
Blends:R	= 4 : 24
CP	= 0

INTERPERSONAL

COP	= 1	AG	= 0
GHR:PHR	= 5 : 2
a:p	= 7 : 5
Food	= 1
SumT	= 0
Human Content	= 7
Pure H	= 3
PER	= 1
Isolation Index	= 0.13

IDEATION

a:p	= 7 : 5	Sum6	= 6
Ma:Mp	= 2 : 2	Lvl-2	= 0
2AB+(Art+Ay)	= 3	WSum6	= 15
MOR	= 4	M-	= 1
		M none	= 0

MEDIATION

XA%	= 0.75
WDA%	= 0.85
X-%	= 0.25
S-	= 2
P	= 7
X+%	= 0.54
Xu%	= 0.21

PROCESSING

Zf	= 20
W:D:Dd	= 16:4:4
W : M	= 16 : 4
Zd	= -2.0
PSV	= 0
DQ+	= 11
DQv	= 0

SELF-PERCEPTION

3r+(2)/R	= 0.50
Fr+rF	= 0
SumV	= 2
FD	= 2
An+Xy	= 0
MOR	= 4
H:(H)+Hd+(Hd)	= 3 : 4

| PTI = 0 | ☑ DEPI = 5 | ☐ CDI = 2 | ☑ S-CON = 8 | ☑ HVI = Yes | ☐ OBS = No |

© 1999, 2001 by Psychological Assessment Resources, Inc. All rights reserved.   Version: 5.00.137

表4-3　Zの度数から推定されるZスコアの合計

Zf	Zest	Zf	Zest	Zf	Zest	Zf	Zest	Zf	Zest
1	—	11	34.5	21	70.0	31	105.5	41	141.0
2	2.5	12	38.0	22	73.5	32	109.5	42	144.5
3	6.0	13	41.5	23	77.0	33	112.5	43	148.0
4	10.0	14	45.5	24	81.0	34	116.5	44	152.0
5	13.5	15	49.0	25	84.5	35	120.0	45	155.5
6	17.0	16	52.5	26	88.0	36	123.5	46	159.0
7	20.5	17	56.0	27	91.5	37	127.5	47	162.5
8	24.0	18	59.5	28	95.0	38	130.5	48	166.0
9	27.5	19	63.0	29	98.5	39	134.0	49	169.5
10	31.0	20	66.5	30	102.5	40	137.5	50	173.0

(Exner, 1997)[14]

Zスコアのついた反応の数，ZSumはZスコアの合計点である。Zest（Z estimate）は，Zfに対して推定されるZSum値であり，表4-3から得られる。事例ではZfは20で，ZSumは64.5であり，表4-3のZfが20のところを見ると，Zestは66.5である。

あとは，発達水準（DQ），形態水準（FQ），決定因（Determinants），内容（Contents），特殊スコア（Special Scores）と順に求められるものの頻度を記入していけばよい。S反応とブレンド反応（Blends）もそのまま記入すればよい。他の領域からSの数を除くといったことはしないし，シングル反応（Single）には，ブレンドに記入したものは記入しない。

DQ（発達水準）の（FQ−）は，各DQのうちFQ−（形態水準マイナス）であるものの数を記入する。FQのうち，FQx（拡大形態水準）には，プロトコルのすべての反応を記入し，MQualには，M反応の形態水準を記入する。

特殊スコアに関しては，頻度を記入した上で，Raw Sum6に六つの重要な特殊スコアの数（粗点）を記入し，Wgtd Sum6に，六つの重要な特殊スコアの重み付けられた合計点を記入する。

2）構造一覧表の下部

構造一覧表の下部は，人格の各側面を表す比率や％がまとめられている，七つのクラスター（変数群）に分けられている。次章に詳述するように，解釈は，クラスターごとに行ない，それを全体の人格像に統合していくことによって行なわれる。

(a) 統制に関するクラスター

下部の左上に位置する。R（反応数），FM，m，SumC'，SumV，SumT，SumY については，それぞれの数を記入する。

L（ラムダ）は，純粋形態反応（F）とそれ以外の反応の比率であり，以下の計算式で求める。

$$L = F(純粋形態反応数) / R - F(総反応数 - 純粋形態反応数)$$

総反応のうち純粋形態反応が半分以上を占めると，ラムダは1以上になる。L≧1 は，ハイラムダ・スタイルと呼ばれる，ある特定の対処スタイルを示すとされる。

事例では，R = 24 で，F は 11 個あり，L = 11/(24 − 11) = 0.85 となる。

体験型（EB：Erlebnistypus）は，左辺に M の数，右辺に重みづけした色彩反応の合計点（WSumC）を記入する。WSumC = 0.5 × FC の数 + 1.0 × CF の数 + 1.5 × C の数である。Cn は WSumC には含めない。体験型には，M が優位である思考型ともいうべき内向型と，色彩反応が優位である感情型ともいうべき外拡型，および明確なスタイルをもっていない不定型とがある。事例は，EB = 4：3.0 で，不定型である。

現実体験（EA：Experience Actual）は，EB の両辺を，加えることにより得られる（SumM + WSumC）。利用可能な資質に関する数値である。事例では，4 + 3.0 = 7.0 となる。

体験型の浸透度（EBPer：EB Pervasive）は，EB の大きい方の値を小さい方の値で割って求める数値であり，体験型がどれくらい柔軟であるか（ある

いは融通がきかないか）を示す。EBPer は，体験型がはっきりしている場合にのみ（EA ≦ 10 の場合，その差が 2 以上，EA ＞ 10 の場合，その差が 2.5 以上必要である）計算される。事例では，EA が 7.0 で，その差が 1.0 であるので，EBPer は，N/A（No Account），すなわち不定型となる。

　基礎体験（eb：Experience base）は，左辺に FM ＋ m の数，右辺に無彩色反応＋濃淡反応（SumC' ＋ SumT ＋ SumV ＋ SumY）の数を記入する。これは，被検者が体験している，外界から何らかの対処を要求されているような刺激にかかわる。左辺は，思考にかかわる刺激であり，右辺は感情にかかわる刺激を表わしている。事例では，eb ＝ 7：2 となる。

　刺激体験（es：Experience stimulation）は，eb の左辺と右辺とを合計した数であり，体験している刺激の総量に関係する。事例では，es ＝ 7 ＋ 2 ＝ 9 となる。

　D スコアは，EA － es で得た得点を，表 4-4 を使って換算して得る。D スコアは，プラスになることもあれば，マイナスになることもあり，また 0 である場合もある。D スコアは，計算式を見れば理解できるように，現実に対処するのに使える資質の量と，対処を要求する刺激の量との関係により，ストレス耐性と統制力を表わす。事例では，EA － es ＝ 7 － 9 ＝ －2 であり，これを表 4-4 にあてはめて換算すると，D ＝ 0 となる。

　修正 es（Adjusted es）は，es から一つずつを残して，ほかの m と Y の数を引くことによって得られる。修正 es は，状況によって高まったストレスの要因を取り除き，平素の刺激体験を算出している。m と Y は，標準データにおいても期待値が 1 であるので，それぞれ一つずつだけは残して，それ以上に m や Y が亢進している場合，通常の状態以上にストレスが亢進している状態であるとみなしている。事例では，m ＝ 2，Y ＝ 0 であるので，m を 1 だけ es から引いて，修正 es（Adj es）＝ 8 となる。

　修正 D スコア（Adjusted D）は，状況ストレス要因を除いた場合の D スコアであり，EA － 修正 es の値を表 4-4 で換算することによって得られる。事例では，EA － 修正 es ＝ 7 － 8 ＝ －1 であり，修正 D（Adj D）＝ 0 である。

表 4-4　EA－es から D スコアへの換算表

EA－es	D スコア
+13.0 ～ +15.0	+5
+10.5 ～ +12.5	+4
+ 8.0 ～ +10.0	+3
+ 5.5 ～ + 7.5	+2
+ 3.0 ～ + 5.0	+1
− 2.5 ～ + 2.5	0
− 3.0 ～ − 5.0	−1
− 5.5 ～ − 7.5	−2
− 8.0 ～ −10.0	−3
−10.5 ～ −12.5	−4
−13.0 ～ −15.0	−5

(Exner, 1997)[14]

(b) 感情に関するクラスター

統制に関するクラスターの右隣にまとめられているのが，感情（Affect）に関するクラスターである。

FC：CF＋C は，感情の調節に関する比で，左辺に FC の数，右辺に CF＋C＋Cn の数を記入する。同様に，Pure C には，C＋Cn の数を記載する。事例では，FC：CF＋C＝0：3，Pure C＝0 である。

SumC'：WSumC（感情的締め付け：Constriction ratio）は，左辺に FC'＋C'F＋C' の数を，右辺に WSumC＝0.5×FC の数＋1.0×CF の数＋1.5×C を記入する。否定的で内に留めておきたい感情と，外に表現したい感情の割合に関する比である。事例では，SumC'：WSumC＝0：3 となる。

Afr（感情の比率：Affective Ratio）は，多彩色図版である最後の 3 枚の図版とそれまでの 7 枚の図版に対する反応数の比率で，感情刺激に対する関心に関係している。Afr＝（Ⅷ～Ⅹ図版の反応数）/（Ⅰ～Ⅶ図版の反応数）として，算出する。事例では，Afr＝9/15＝0.6 である。

S と CP には，その数をそのまま記載すればよい。

Blends：R は，感情や精神活動の複雑さに関する指標で，左辺にブレンド

反応の数を，右辺に総反応数を記入することによって得られる．事例では，Blends：R ＝ 4：24 である．

(c) 対人知覚に関するクラスター

感情クラスターの右隣には，対人知覚と対人関係（Interpersonal Perception and Relations）に関するクラスターが記載されている．

COP, AG, Food (Fd), PER にはそれぞれの数をそのまま記入する．SumT には，FT ＋ TF ＋ T の数を記入する．事例では，COP ＝ 1，AG ＝ 0，Food ＝ 1，PER ＝ 1，SumT ＝ 0 である．

GHR：PHR, a：p には，それぞれの数を記入して比をみる．事例では，GHR：PHR ＝ 5：2，a：p ＝ 7：5 である．

Human Content は，人間に対する関心の強さを示し，すべての人間反応 H ＋ (H) ＋ Hd ＋ (Hd) の数で示される．ただし Hx は入れない．Pure H は，純粋人間反応の数である．事例では，Human Content ＝ 7，Pure H ＝ 3 である．

Isolation Index（孤立指標）は，社会的な孤立に関する数値であり，反応内容が，雲，自然，植物，地図，風景の 5 種類の場合にカウントし，雲と自然は 2 倍の重み付けをする．

$$\text{Isolation Index} = 2\,\text{Cl} + 2\,\text{Na} + \text{Bt} + \text{Ge} + \text{Ls}/R(反応数)$$

事例では，Ls が 3 個あるので，3/24 ＝ 0.13 である．

(d) 自己知覚に関するクラスター

対人知覚に関するクラスターの下に，自己知覚（Self-Perception）に関するクラスターが記載されている．

3 r ＋ (2)/R は，自己中心性指標（egocentricity Index）と呼ばれ，自己価値観に関係する．鏡映反応（r）の数を 3 倍に重み付けし，ペア反応の数を足して，反応数で除することによって得られる．事例では，(3 × 0 ＋ 12)/24 ＝ 0.5 となる．

Fr ＋ rF, SumV, FD, An ＋ Xy, MOR には，それぞれの数を記入する．

事例では，Fr＋rF＝0，SumV＝2，FD＝2，An＋Xy＝0，MOR＝4 である。

H：(H)＋Hd＋(Hd) は，純粋人間反応とそれ以外の人間反応の比であり，事例では，H：(H)＋Hd＋(Hd)＝3：4である。

(e) 情報入力に関するクラスター

自己知覚のクラスターの左隣から，認知の三つの側面に関するクラスターが並んでいる。

Zf, PSV, DQ＋, DQvには，それぞれの数を記入する。事例では，Zf＝20, PSV＝0, DQ＋＝11, DQv＝0である。

W：D：Dd (Economy Index：節約指標) は，情報処理にどれくらいエネルギーを費やしているかに関する指標で，W，D，Ddの数を記入して，比を求める。事例では，W：D：Dd＝16：4：4である。

W：M (Aspirational Ratio：野心比) は，情報入力 (Processing) の努力と実際の能力との釣り合いに関係する。事例では，W：M＝16：4である。

Zd (Processing Efficiency：情報入力の効率) は，ZSum－Zestによって計算され，プラスか0かマイナスになる。被検者の実際のZスコアの合計点が，推定されるZスコアの合計点より高いか低いかによって，情報処理の効率に関する情報を得る。事例では，ZSum－Zest＝64.5－66.5＝－2.0となる。

(f) 媒介に関するクラスター

S－とPの数はそのまま記入すればよい。事例では，S－＝2, P＝7である。あとの五つの比率はすべて，入力した情報を，思考として出力するのに，どれくらい現実に即して媒介 (Mediation) してるか，に関係する。

    XA％＝形態水準が＋, o, uの反応数／R(反応総数)
    WDA％＝WとD領域で形態水準が＋, o, uの反応数／WとD領域の
          合計数
    X－％＝形態水準－の反応数／R(反応総数)

表 4 - 5　事例の布置表

Client Name:　Jirei Fujioka
Client ID:

CONSTELLATIONS TABLE

S-Constellation (Suicide Potential)

☑ Positive if 8 or more conditions are true:
NOTE: Applicable only for subjects over 14 years old.

☑　FV+VF+V+FD [4] > 2
☑　Col-Shd Blends [1] > 0
☑　Ego [0.50] < .31 or > .44
☑　MOR [4] > 3
☐　Zd [-2.0] > ±3.5
☑　es [9] > EA [7.0]
☑　CF + C [3] > FC [0]
☑　X+% [0.54] < .70
☑　S [4] > 3
☐　P [7] < 3 or > 8
☐　Pure H [3] < 2
☐　R [24] < 17
8　Total

PTI (Perceptual-Thinking Index)

☐　(XA% [0.75] < 0.70) and (WDA% [0.85] < 0.75)
☐　X-% [0.25] > 0.29
☐　(Sum Level 2 Special Scores [0] > 2)
　　and (FAB2 [0] > 0)
☐　((R [24] < 17) and (WSum6 [15] > 12)) or
　　((R [24] > 16) and (WSum6 [15] > 17))
☐　(M- [1] > 1) or (X-% [0.25] > 0.40)
0　Total

DEPI (Depression Index)

☑ Positive if 5 or more conditions are true:

☑　(FV + VF + V [2] > 0) or (FD [2] > 2)
☑　(Col-Shd Blends [1] > 0) or (S [4] > 2)
☑　(3r + (2)/R [0.50] > 0.44 and Fr + rF [0] = 0)
　　or (3r + (2)/R [0.50] < 0.33)
☐　(Afr [0.60] < 0.46) or (Blends [4] < 4)
☐　(SumShading [2] > FM + m [7])
　　or (SumC' [0] > 2)
☑　(MOR [4] > 2) or (2xAB + Art + Ay [3] > 3)
☑　(COP [1] < 2)
　　or ([Bt+2xCl+Ge+Ls+2xNa]/R [0.13] > 0.24)
5　Total

CDI (Coping Deficit Index)

☐ Positive if 4 or more conditions are true:

☐　(EA [7.0] < 6) or (AdjD [0] < 0)
☑　(COP [1] < 2) and (AG [0] < 2)
☐　(Weighted Sum C [3.0] < 2.5)
　　or (Afr [0.60] < 0.46)
☐　(Passive [5] > Active + 1 [8])
　　or (Pure H [3] < 2)
☑　(Sum T [0] > 1)
　　or (Isolate/R [0.13] > 0.24)
　　or (Food [1] > 0)
2　Total

HVI (Hypervigilance Index)

☑ Positive if condition 1 is true and at least 4 of the others are true:

☑　(1)　FT + TF + T [0] = 0
☑　(2)　Zf [20] > 12
☐　(3)　Zd [-2.0] > +3.5
☑　(4)　S [4] > 3
☑　(5)　H + (H) + Hd + (Hd) [7] > 6
☑　(6)　(H) + (A) + (Hd) + (Ad) [5] > 3
☐　(7)　H + A : Hd + Ad [16:4] < 4 : 1
☐　(8)　Cg [0] > 3

OBS (Obsessive Style Index)

☑　(1)　Dd [4] > 3
☑　(2)　Zf [20] > 12
☐　(3)　Zd [-2.0] > +3.0
☐　(4)　Populars [7] > 7
☐　(5)　FQ+ [0] ≥ 1

☐ Positive if one or more is true:

☐　Conditions 1 to 5 are all true
☐　Two or more of 1 to 4 are true and FQ+ [0] > 3
☐　3 or more of 1 to 5 are true
　　and X+% [0.54] > 0.89
☐　FQ+ [0] > 3 and X+% [0.54] > 0.89

NOTE: '*' indicates a cutoff that has been adjusted for age norms.

© 1999, 2001 by Psychological Assessment Resources, Inc. All rights reserved.　　　Version: 5.00.137

表4-6 年齢によるWSum6の修正

R≧17の場合		R<17の場合	
5 〜 7歳	WSum6>20	5 〜 7歳	WSum6>16
8 〜 10歳	WSum6>19	8 〜 10歳	WSum6>15
11 〜 13歳	WSum6>18	11 〜 13歳	WSum6>14

(Exner, 1997)[14]

表4-7 年齢による3r+(2)/Rの修正

年齢	3r+(2)/R<	3r+(2)/R>
5	.55	.83
6	.52	.82
7	.52	.77
8	.48	.74
9	.45	.69
10	.45	.63
11	.45	.58
12	.38	.58
13	.38	.56
14	.37	.54
15	.33	.50
16	.33	.48

表4-8 年齢によるAfrの修正

5 〜 6歳	Afr<.57
7 〜 9歳	Afr<.55
10 〜13歳	Afr<.53

(Exner, 1997)[14]

(Exner, 1997)[14]

$X+\%$ = 形態水準が+, o の反応数/R(反応総数)
$Xu\%$ = 形態水準が u の反応数/R(反応総数)

事例では,$XA\% = (0 + 13 + 5)/24 = 0.75$,$WDA\% = 17/20 = 0.85$,$X-\% = 0.25$,$X+\% = 0.54$,$Xu\% = 0.21$ となる。

(g) 思考に関するクラスター

思考(Ideation)のクラスターの右側には,思考障害に関する指標が並んでいる。Sum6,レベル2の重要特殊スコア,WSum6,M−,Mnoneの数をそ

れぞれ記入する。事例では，Sum6 ＝ 6，レベル2 ＝ 0，WSum6 ＝ 15，M－ ＝ 1，Mnone ＝ 0 である。

　a：p は，左辺に積極的運動反応の総数（Ma ＋ FMa ＋ ma）を，右辺に消極的運動反応の総数（Mp ＋ FMp ＋ mp）を記入する。思考と態度の柔軟性に関する情報を提供する。事例では，a：p ＝ 7：5 である。

　Ma：Mp は，左辺に Ma，右辺に Mp の数を記入する。Ma-p は両辺に加える。これは思考の特徴に関する比である。事例では，Ma：Mp ＝ 2：2 である。

　知性化指標（Intellectualization Index）は，2 AB ＋（Art ＋ Ay）で計算され，知性化の防衛に関する指標である。事例では，2 × 0 ＋ 2 ＋ 1 ＝ 3 となる。

　MOR の数を記入する。事例では，MOR ＝ 4 である。

3）構造一覧表の最下段

　構造一覧表の最下段には，六つの特殊指標が並んでいる。各指標に該当するかどうかは，布置表（表 4-5）によって確認する。PTI（知覚思考指標：Perceptual-Thinking Index），DEPI（抑うつ指標：Depression Index），CDI（対処力不全指標：Coping Deficit Index），S-CON（自殺指標：Suicide Potential）には，配置表において該当した条件の数を記入し，HVI（警戒心過剰指標：Hypervigilance Index）と OBS（強迫スタイル指標：Obsessive Style Index）には，該当または非該当を記入する。

　ただし，子どもが被検者の場合は，WSum6（PTI），3 r ＋（2）/R（DEPI），Afr（DEPI および CDI）の基準値を，年齢に応じ，表 4-6〜表 4-8 によって修正する。

【課題 4】
【練習問題 3】の事例，【課題 3】の自身および健常成人のプロトコルから，スコアの継列表と構造一覧表を作成する。

第5章
解釈の基本

1．アメリカ人のデータと日本人のデータ

　包括システムの解釈においては，ある被検者の値が，標準データとの比較においてどのような位置にあるのか，多数派であるのか，あるいは少数派であるのかということが，意味をもってくることが多い。包括システムの解釈仮説を日本人に適応する場合に問題となるのが，米国人と日本人の標準データの違いである。

　たとえば，「複雑であいまいな刺激を過度に単純化し，それゆえに現実認知の不正確さも高くなり，柔軟性に乏しい」という特有の対処スタイルをもつとされるハイラムダに関しては，米国人の平均ラムダは 0.58 であり，エクスナーは，L ≧ 1.0 を分岐点（カット・オフ・ポイント）として，米国人の 5% が L ≧ 1.0 のハイラムダ・スタイルを示すとしている。しかし，高橋ら (1998)[2]の日本人の標準データでは，日本人の平均ラムダは 0.96 と米国人に比して高く，分岐点を L ≧ 1.0 にするとかなり多くの日本人が該当してしまい，エクスナーの基準である 5% にあたるのは日本人では L ≧ 2.0 である。そのため，高橋ら (1998)[2]は日本人におけるハイラムダ・スタイルの分岐点として，L ≧ 1.19 を提案している。

　エクスナー博士の解釈を聞いていると，「ハイラムダ」は「いずれ何らかの問題を起こす。よほど環境が安定していればともかく，これでやっていけるはずがない」という価値判断が根底にあるような印象を受ける。しかし，日本人

の平均ラムダがほとんど1.0で，多数が「ハイラムダ」の基準にあてはまってしまうとすれば，エクスナー博士のハイラムダに関する仮説をそのまま採用することは一面的にすぎる可能性が高い。ラムダは元来，純粋形態反応（F）の割合であるので，これが反応の半分近くを占めるということは，個人的感情や思考を交えずに，「騒がず，でしゃばらず」，できるだけ客観的にものごとをあるがままに把握しようとする日本人の傾向を反映しているのであろう。特に，この「ハイラムダ」は，明確な目標が存在するときには，私情を廃し，よくも悪くも「馬車馬のように」，目標達成に向けて一心不乱に努力するという傾向であるとも解釈され得る。臨床場面であまり目にすることはないが，日本の社会を根底で支えているのは，こうした「無名の」縁の下の力持ちなのではないか。それが集団として，力を合わせたときには，欧米社会とは異なる種類の力を発揮するものと思われる。欧米の肉食文化では，一人ひとりが，ロースであり，カルビであり，タンでありと，異なる部位を個性的に担って1頭となるが，日本人の米食文化では，一人ひとりは，一粒の光る米粒である。ほかの米粒と大きさや色，形が異なっている必要はない。そして一粒一粒がまとまったとき，つややかな「ご飯」や「おにぎり」になるのである。

　たしかに，いわゆる「問題を抱えた人」のプロトコルには，ハイラムダでEAが低く，現実検討力も乏しいプロトコルが多い。ハイラムダのプロトコルは「単純でつまらない」ので，あまり事例研究会などで取り上げられることが少ないが，実際には，慎重な検討を要する「歯ごたえのある」プロトコルである。たとえば，知的に問題がなく，家族や成育史にも一見問題がないように見えるのに，なぜこれほどハイラムダでEAが低いのか。「見たくない，聞きたくない，感じたくない」という体験が多かったのだろうか。それとも評価に対する「防衛」なのだろうか。であるとすればなぜか。そうした疑問に次々と答えを探していかなければならなくなる。こうしたプロトコルをどう読むかということは大切なスキルになるのである。

　第4章の「構造一覧表の作成」のところで述べたように，エクスナーも，特殊指標の自己中心性，WSum6，Afrの分岐点を年齢に応じて修正しており，

日本人の標準データにもとづいて，分岐点を修正するということは，一つ考えられる対応策である。とはいえ，分岐点が1.0であろうと1.2であろうと，「ハイラムダ・スタイルの解釈仮説」そのものに関しては（その仮説の適否はまた別問題として），文化的に修正をする必要はないと思われる。しかし，そうしたスタイルが文化的にどの程度適応的であり，受け入れられるかどうかに関しては，違いが生じるであろう。文化による標準データの違いによって，解釈の分岐点を修正するべきであるか否かに関しては，今後，日本人データの集積と分析にもとづく，さらなる議論を要しよう。現時点では，本書においては，エクスナーの提案している解釈の分岐点と解釈仮説とを用い，必要に応じて，高橋らのデータを参考に解釈仮説の修正を検討することとする。

　まずここでは，解釈仮説の修正の際に念頭に置いておくべき情報として，エクスナーによる米国人の成人非患者標準データ（『ロールシャッハ・テスト ワークブック　第5版』中村ら監訳，2003から引用）[7]と高橋雅春，高橋依子，西尾博行（1998）[2]による日本人の成人非患者標準データに見られる違いについて，簡単に触れておく。括弧内の前が日本人の，後ろが米国人の平均値である。なお，高橋ら（1998）[2]では，ワークブックの第3版と比較がなされている。また，エクスナーの成人非患者のデータは，ワークブック第3版では，700人であるが，第5版では600人に減っている。これは，「第3版においては，200を越える記録が重複していたので，それを削除し，別の記録を入れたため」（中村ら，2003）[7]と説明されている。データを集積する際には，あるいはそれを利用するときには，その収集手順や分析方法についての信頼性と妥当性の検討が不可欠であることに，あらためて注意を喚起される。

　反応総数（R）に差はない（22.85, 22.32）ので，既述のラムダの違い（日本人はF反応が多く，平均的に反応の半分近くをFが占める）に関係して，日本人ではそれ以外の決定因が少ないことが予想される。実際，M(3.80, 4.30)，FM(3.69, 3.74)，m(1.10, 1.28)，SumC(3.71, 6.09)，SumC'(1.36, 1.49)，SumT(0.50, 0.95)，SumV(0.32, 0.28)，SumY(0.56, 0.61)，SumFr(0.21, 0.11)，SumFD(0.64, 1.18)と，V反応と鏡映反応以

外はすべて，多かれ少なかれ米国人のほうが，平均値が高い。当然，EA も米国人のほうが高くなるし（6.62，8.66），日本人においては，D（−0.24，−0.03）も Adj D（−0.10，0.15）もマイナスに傾いている。

EA が低くなっていることは，色彩反応の差によるところが大きいと思われるが，日本人においては Afr（0.47，0.67）も低く，ブレンド反応も少ない（2.83，5.15）。当然，米国人には 38％見られる外拡型が，日本人には少なく，その 15％を占めるにすぎない。そのぶん，日本人には不定型（47％，19％）と超内向型（25％，9％）が多くなっている。たしかに日本人の感情表現は，米国人に比して控えめであるという印象は同意を得やすいであろう。ラテン系や他のアジア系民族の色彩反応と比較してみるのも興味深い。

ハイラムダと体験型および色彩反応の違いに加えて，日本人では解釈上意味をもつ CDI（Coping Deficit Index：対処力不全指標）≧ 4 が多いことも目をひく。CDI = 4（28％，4％），CDI = 5（7％，0％）であり，エクスナーはCDI 該当者を「社会的無能者」とみなしているが，日本人では，3 人に 1 人以上が，いわゆる「社会的無能」とみなされてしまうことになる。CDI の内容を見ると，①EA が低いか Adj D＜0，②COP と AG が少ない，③WSumC が少ないか Afr が低い，④p＞a＋1 か H が少ない，⑤T＞1 か孤立指標が高いか Fd＞0 の 5 条件が挙げられている。きわめて雑駁にそのイメージを述べれば，「対処力が低くて，あわててしまいがちであり，感情刺激への反応性が乏しく，対人関係においては受動的，依存的である」といったところであろうか。既述のように日本人では，全体的傾向として，①と③にあてはまる可能性が高くなる。加えて対人関係においては，日本人では，T（0.50，0.95）と孤立指標（0.15，0.19）は低いが，p ≧ a＋2 でさえも 30％におよび，Fd が多く（0.45，0.21），COP（1.13，2.0）と AG（0.11，1.11）が少なくて，H（2.95，3.21），(H)（0.81，1.20），Hd（1.25，0.84），(Hd)（0.49，0.21）と，全体人間反応が少なく，人間部分反応が多い。そうであれば，CDI に該当する人が増えるのは理にかなっている。

とはいえ，日本人で CDI に該当するということが，米国社会において生活

する米国人同様の「社会的無能」を意味するかどうかは別問題であろう。日本では「静かに，おとなしく，自分からは動かず，周囲に溶け込む」というのが社会適応的である可能性があり得る。実際，狭くて人の多い日本で，「感情表現が大きくて，積極的で，何でも自分で決めよう」とすれば「うるさくて」かなわない，かえって「社会的不適応」の可能性さえ生じてくるかもしれない。日本人が米国社会で生活しようとすれば（さらに英語のハードルが加わるし），「社会的無能」になってしまう人が多いとは言えようが，日本社会ではCDIに該当することが，必ずしも対処力不全を意味しないのではないかとも思われる。そうでなければ，社会の1/3の人が「社会的無能」にあてはまってしまうというのは，奇妙である。あるいは，日本人にとっては，「他者の思惑を気にし過ぎる，あるいは気にしなさ過ぎる」「常に積極的で自分で決めたとおりにしないと気がすまない」といった項目からなる別のCDIがあり得るのかもしれない。あるいは，時代の変化，生活の米国化に応じて，日本人の適応的振る舞い方も変化しているのであろうか。比較文化的にも，時代変化を見るうえでも興味深いところである。今後の研究を待ちたい。

対人関係に関しては，日本人にはHVI (13%, 3%) が多いことも目につく。HVI（警戒心過剰指標）は，「対人不信感が強く，警戒的で，親密さを回避する」傾向と解釈されるが，その内容を見てみると，まずTがないということが前提条件としてあり，そのうえで，Zf (13.64, 11.84), Zd (−2.27, 0.57), S (2.80, 1.57), 人間反応 (5.49, 5.49), 括弧つきの人間および動物反応，Cg (1.63, 1.41) が多く，全体反応より部分反応が多いという条件を見る。日本人にはTが出ない人が多いので，まずその点からしてHVI該当の可能性が高くなろう。ただし，日本人でHVIに該当する人を見ていると，対人不信感が強く，親密さを回避するというよりは，むしろ人に対する「慎重で，節度ある，気遣い，気配りの人」という印象を受けることも多い。「警戒心過剰指標」と名づけるよりも，「気遣い指標」と呼んだ方が適切ではないかと思うこともある。その振る舞い方の動機が何にせよ，日本社会では，HVI該当は，本人は胃を痛くしているかもしれないが，周囲からは「よい人」と思

われ，適応もよいことが多いのではないかと考えている。いずれにせよ，性格には，良いも悪いもなく，ある性格やスタイルが，その人がある社会のなかで生きていくうえでどのような意味をもっているかは，さまざまな変数や指標との関係で，ニュアンスを異にすることは明らかであろう。

社会で望ましいとされる対人関係のもち方が異なれば，その根本となる自己知覚にも違いがあることが予想される。自己知覚に関しては，Fr＋rF（0.21，0.11）が日本人に比較的多く，解釈上意味をもつとされる「鏡映反応あり」は，日本人で15％，米国人で8％である。それでいて，自己中心性指標（0.30，0.40）においては日本人の方が低いのは，ペア反応（6.03，8.52）の差から生じていると思われる。鏡映反応とペア反応の解釈仮説も含めて，今後再検討していく必要があろう。

日本人にハイラムダ・スタイルと超内向型が多いとすれば，日本人の適応性にとって重大となってくるのは，認知の三側面である。認知に曇りがあるかないかで，ハイラムダと超内向型の適応上の意味はかなり異なってくる。

まず日本人はZf（13.64，11.84）が高く，W（11.04，8.28）がD（9.38，12.88）に比して多い傾向があって，情報入力への動機づけは高い。しかし，DQ＋（5.55，7.36）は少なく，Zd（－2.27，0.57）はマイナスに傾いている。日本人はWoが多く，米国人ではD＋が多い傾向を反映しているのであろう。ちなみになぜ日本人にWoが多く，米国人にD＋が多いのかということについて，使用している文字が象形文字と表音文字であるという違いにも影響されているのではないかと筆者は想像している。全体（Wo）で意味まで認識できる文化と，一つひとつのアルファベットは意味をなさないが，それが連なる（D＋）と意味をなす文化における情報処理や思考の違いを反映しているのかもしれない。他の象形文字を使う文化の標準ロールシャッハ，検査データを見てみたいものである。

平凡反応には文化差が比較的明白に表われると思われる。実際，エクスナーのPと，高橋らのPは，いくつか異なっている（第3章参照）。P反応の数（5.61，6.58）や，X＋％（0.73，0.77），X－％（0.10，0.07），Xu％

(0.18, 0.15) には大差はない。高橋ら (1998)[2)] のデータは，高橋ら (1998) の形態水準表でスコアされているから，日本人の反応を米国人の形態水準表を用いてスコアした場合のこれらの数値については不明である。日本人に米国人の標準データをあてはめれば，Pの数とX+％は低減し，Xu％が増加することが考えられるが，その場合，十分な現実検討力を示す数値の分岐点をどこにもってくるかについては，今後検討を要する。ただし，X−％には文化差は少ないと思われ，XA％（X+％ + Xu％）を使えば，文化差は捨象されるとも考えられる。

　思考に関しては，a（4.66, 6.44）：p（3.95, 2.90）およびMa（1.90, 2.90）：Mp（1.91, 1.42）と，日本人には消極的運動が比較的多いが，六つの特殊スコアの数（0.69, 1.91）およびWSum6（2.04, 4.48）はともに日本人のほうが低く，六つの特殊スコアでは，FAB（0.35, 0.27）のみが日本人のほうが多い。しかし，M−（0.15, 0.07）は日本人のほうが多い。

　認知に関しては，内向きで消極的にすぎると「気遣い」が「関係念慮」や「妄想的」になる危険性はあるものの，全体としては曇りが少ないことが，日本人の適応を支えているように思われる。

　ロールシャッハ検査データには，「米国人ほど，一人ひとりは積極的な自己主張はせず，かつ急激な変化は好まないが，現実認識が正確で，目標と手順がはっきりしている場合の達成は高い」という日本人の傾向が反映されているように，筆者には思える。

2．クラスター分析の原則と解釈戦略について

　解釈に使う検査データは，構造一覧表，スコアの継列，および言語表現であるが，中心となるのは，構造一覧表である。あくまで構造一覧表にのっとったうえで，スコアの継列分析と言語の分析とを行なう。各変数には，個々の解釈仮説があるが，そればかりに目をとられると，解釈がばらばらになるばかりでなく，妥当性を欠く結果にもなりかねない。大切なことは，すべての利用可能

な情報にもとづいて、各所見の一致する点と一見矛盾する点を論理的に考え、統合することである。そのためには、①すべてのデータを秩序だてて検索し、②結果をその人全体を反映するように編み上げることが必要になる。また、問題ばかりに目を向けて、健康な部分を見落とすということも生じがちであるが、その人をうまく機能させている強い点も、それを妨げている弱い点も含めて、深い人間理解にもとづいて、一人の人として全体的に見ることの重要性をエクスナー（1993)[10]は強調している。検査データを秩序だてて、すべて考慮して統合し、全体的人間像を組み立てていくためにたてられているのが、クラスター分析の原則と鍵変数にもとづく解釈戦略である。

クラスター分析とは、ロールシャッハ法の変数や指標は、情報入力、媒介過程、思考、感情、自己知覚、対人知覚、統制とストレス耐性、状況ストレスと名づけられた八つのクラスターにまとまるので、解釈の際には、各まとまりのあるクラスターごとに分析し、一つひとつクラスターの情報を統合していって、人格像全体を組み立てていこうとする分析方法である。健康な面も含めて人格のすべての側面を統合していく必要があるので、すべてのクラスターを順に検討し、統合していくことになるが、八つのクラスターのうち、「状況ストレス」と呼ばれるクラスターのみは、状況によるストレスが強くかかっていると予測される場合（すなわち D ＜ Adj D の場合）にのみ検討する。各クラスターに含まれる変数は、表5-1に示されている。

クラスターを分析する順番は、被検者の人格構造の核となる部分から始め、重要な順に人格の各側面に関する情報を加え、最終的にはすべてのクラスターを統合して人格像を組み立てていく。この分析に際しての、何が人格の核となる特徴であるか、そしてどういった順番でクラスターを検討していけばよいのかを決定する手順を、鍵変数による解釈戦略という。表5-2に、鍵変数による解釈戦略を示す。

表5-2には、解釈に際して優先度の高い順に、縦に鍵変数が並べられている。解釈戦略を決定するには、まず、その鍵変数に該当するか否かを順に見ていく。該当すれば、表を横に見て、そこに記載された順番に従って、クラス

表 5-1　各クラスターに含まれる変数

心理的機能	変　数
情報入力	L, 体験型, OBS, HVI, Zf, W：D：Dd, 領域のアプローチ, W：M, Zd, PSV, DQ, DQ の継列
媒介過程	R, L, OBS, XA%, WDA%, X－%, FQ－, S－, P, FQ＋%, X＋%, Xu%
思　考	内向型, L, EBPer, a：p, HVI, OBS, MOR, FM＋m, Ma：Mp, 知性化指標, Sum6, WSum6, 六つの特殊スコア, MQ, M の質
感　情	DEPI, CDI, 外拡型, L, EBPer, SumC＋SumT＋SumV＋SumY, SumC'：WSumC, Afr, 知性化指標, CP, FC：CF＋C, Pure C, S, ブレンド, 色彩濃淡ブレンド, 濃淡ブレンド
自己知覚	OBS, HVI, Fr＋rF, 自己中心性指標, FD, SumV, An＋Xy, MOR, Pure H：Pure H 以外, マイナス反応・MOR・人間反応・運動反応の内容
対人知覚	CDI, HVI, a：p, Fd, SumT, H, GHR, PHR, COP, AG, PER, 孤立指数, ペアの運動反応の内容
統制力とストレス耐性	D, Adj D, CDI, EA, EB, L, es, Adj es
状況ストレス	D, Adj D, EA, EB, m, SumY, SumT, SumV, ブレンドの複雑さ, m と Y を含む色彩濃淡ブレンド・濃淡ブレンド, Pure C, M, M－, Mnone

(Exner, 1997)[14]

ターを検討し，解釈を行なう。もし，該当しなければ，縦に降りて，次の鍵変数に該当するかどうかを見る。そのようにして，該当する鍵変数が見つかるまで，下に見ていくことになる。ただし，4番目の鍵変数である D ＜ Adj D のように，それだけでは，すべての順番が決定されないこともあり，その場合は，統制と状況ストレスに関するクラスターを分析した後の残りのクラスター分析の順番は，さらに下にいって該当した鍵変数の戦略によることになる。

　解釈戦略で，クラスター七つあるいは八つを検討する順番が，すべてばらばらに動けば，かなりややこしいことになるかもしれないが，実際には，認知的三側面（情報入力，媒介過程，思考）は一つのかたまりとして検討されるし，

表 5-2　鍵変数にもとづく解釈戦略

該当する鍵変数	クラスター分析の順番
PTI > 3	情報入力→媒介過程→思考→統制→感情→自己知覚→対人知覚
DEPI > 5 で CDI > 3	対人知覚→自己知覚→統制→感情→情報入力→媒介過程→思考
DEPI > 5	感情→統制→自己知覚→対人知覚→情報入力→媒介過程→思考
D < Adj D	統制→状況ストレス（残りは次に該当する鍵変数の解釈戦略に従う）
CDI > 3	統制→対人知覚→自己知覚→感情→情報入力→媒介過程→思考
Adj D < 0	統制（残りは次に該当する鍵変数の解釈戦略に従う）
L > 0.99	情報入力→媒介過程→思考→統制→感情→自己知覚→対人知覚
鏡映反応有り	自己知覚→対人知覚→統制(残りは次に該当する鍵変数の解釈戦略に従う)
内向型	思考→情報入力→媒介過程→統制→感情→自己知覚→対人知覚
外拡型	感情→自己知覚→対人知覚→統制→情報入力→媒介過程→思考
p > a + 1	思考→情報入力→媒介過程→統制→自己知覚→対人知覚→感情
HVI	思考→情報入力→媒介過程→統制→自己知覚→対人知覚→感情

(Exner, 1997)[14]

　自己知覚と対人知覚は裏表の関係として続いて検討され，感情と統制も続いて検討されることが多い。

　実際にやってみよう。たとえば，PTI（Perceptual-Thinking Index：知覚思考指標）は，構造一覧表の一番左下に記載されているが，それが3より大きい（4以上）の場合，表5-2を横に見ていき，そこに記載されている順番にクラスターを検討していく。布置表のPTIの基準項目を見ればわかるように，PTI > 3の場合，知覚と思考に重大な障害がある可能性が高く，解釈は認知的三側面に関するクラスターから始めることになる。PTIは，以前は，統合失調症（精神分裂病）指標と呼ばれ，エクスナーが，統合失調症患者のロールシャッハ検査データを集積し，そのプロトコルに統計的に有意に多く，共通して認められる特徴を，指標としてまとめたものである。統合失調症の障害の核となるのは，知覚と思考の障害であるので，PTIの内容もそれを反映したものとなっている。

　もし解釈しようとする被検者のプロトコルが，最初の鍵変数に該当しない場合（PTI ≦ 3の場合），表を下に見ていき，次のDEPI > 5かつCDI > 3にあ

てはまるかどうかを見る。DEPIの値は，構造一覧表の最下段の左から2番目（PTIの隣り），CDIの値はDEPIの隣りに記載されている。もしあてはまれば，表を横に見て，対人知覚→自己知覚→統制→感情→認知的三側面という順番でクラスターを分析することになる。DEPI（Depression Index：抑うつ指標）は，エクスナーが，うつ病患者のロールシャッハ検査データから，彼らに統計的に有意に見られる共通の特徴をまとめて作成したものである。ただし，うつ状態を示す者でも，本来の抑うつ感情が問題となる患者群と，症状としてはうつ状態ではあるが，実際には社会的にうまく機能できないことからうつ状態に陥っている患者群とがあることをエクスナーは発見した。純粋のうつ病者は，抗うつ剤によく反応するが，単にうつ病だけではなく，社会的な対処力の不足も重なってうつ状態に陥っている場合には，抗うつ剤による治療だけではなく，社会的技能を身につけさせるような，発達的・教育的処遇が必要であるとエクスナーは考えている。CDI（対処力不全指標）は，前節で述べたように，その対人関係スキルに深刻なスキルがあるとみなされており，対人知覚からクラスターを検討していくのが，論理的な順番となる。次の鍵変数にあるように，CDIではない，純粋のうつ病者にとっては，感情のクラスターがまず検討されるべきである。

　ここまでの鍵変数は，狭義の精神障害をもっている可能性があり，人格全体に深刻な影響を及ぼす障害の有無や程度をまず評価することが大切となる。それに対し，次の $D < Adj\ D$，$CDI > 3$，$Adj\ D < 0$ の三つの鍵変数は，状況ストレスがかかっているか，社会的にうまく機能していないか，衝動的になりがちであるかなどの形で表現されるような，何か重大な適応上の問題を，被検者が抱えている可能性を示唆する。

　$D < Adj\ D$ ということは，状況ストレスがかかっていて平素の統制力が損なわれているということを示唆するので，この鍵変数に該当する場合のみ，状況ストレスのクラスターをも検討する。この場合，統制と状況ストレスのクラスターを検討することまでは確定するが，その後のクラスターの分析順序については，未定である。さらに鍵変数を下に下りていって，次に該当する鍵変数

によって，残りのクラスターの分析順序を決定する。たとえば，次に該当するのが，「内向型」であれば，統制→状況ストレス→思考→情報入力→媒介過程ときて，「統制」は既に検討しているので飛ばし，→感情→自己知覚→対人知覚となる。

　L＞0.99より下は，何らかの問題を示すというよりは，単に被検者の人格スタイルに関する重要な情報を提示するのみである。その人格スタイルにとって核となる部分から分析を進めることになる。

　多くの被検者は，HVIまでの鍵変数に該当し，解釈戦略が決定されるが，もしここまでで該当する鍵変数がない場合は，表5-3に示される「その他の変数」にもとづく順路に従うことができる。とはいえ，これらの「その他の変数」は鍵変数とは異なり，何が人格の核となるかに関して統計的な予測力をそれほどもっていないので，ガイドラインの一つであり，順路変更は可能である。すなわち，表5-3に示されるような順路が推奨されてはいるが，もし，別の順路の方が適切であるという論理的な根拠があれば，それに従ってもよい。

　さらに，各クラスター内の分析については，表5-4のステップを使うことができる。これは，見ればわかると思われるが，各クラスターを構成する変数を順に並べたものである。包括システムによる構造分析は，ステップごとに，解釈上，統計的に意味のあるカットオフ・ポイントに割り当てられている解釈仮説に従って仮説をたてていき，それを一つひとつ積み上げ，統合していくという手順をとる。包括システムの解釈方法の強みも弱みも，ステップ表に象徴されるような，詳細な手順に集約されるように筆者には思われる。

　すなわち，こうしたステップは，いわばコンピュータに解釈をさせる際に検討する変数と手順である。コンピュータ・アナロジーによって，エクスナー博士の解釈の仕方を模倣することによって，初心者でもある程度までいけることはありがたいし，手順がはっきり示されていることは，安心でもある。しかし，やはり人間の頭脳とコンピュータとは異なる強さと弱さを有していると思われる。コンピュータはすべての可能性を，0か1かというデジタルでチェックしていくことが得意であろうが，人間の頭脳は，数多くの可能性のなかか

表 5-3　その他の変数にもとづく解釈戦略

該当する変数	クラスター分析の順番
OBS	情報入力→媒介過程→思考→統制→感情→自己知覚→対人知覚
DEPI＝5	感情→統制→自己知覚→対人知覚→情報入力→媒介過程→思考
EA＞12	統制→思考→情報入力→媒介過程→感情→自己知覚→対人知覚
M−＞0 Mp＞Ma Sum 6 特殊スコア＞5	思考→媒介過程→情報入力→統制→感情→自己知覚→対人知覚
SumShad＞FM＋m CF＋C＞FC＋1 Afr＜.46	感情→統制→自己知覚→対人知覚→情報入力→媒介過程→思考
X−％＞20 Zd＞＋3.0 Zd＜−3.0	情報入力→媒介過程→思考→感情→自己知覚→対人知覚
3r＋(2)/R＜.33	自己知覚→対人知覚→感情→統制→情報入力→媒介過程→思考
MOR＞2 AG＞2	自己知覚→対人知覚→統制→思考→情報入力→媒介過程→感情
T＝0 T＞1	自己知覚→対人知覚→感情→統制→情報入力→媒介過程→思考

(Exner, 1997)[14]

ら，大切な情報を「直感的に」，あるいは価値づけをして考えていくことにその特徴があるのではないか。であるとすれば，ステップ表のすべてを，いちいち順番に見ていくことは，かえって人間の創造力，飛躍する能力に手かせ足かせをつけることになりかねない。すくなくとも，ステップ表に従って，被検者の統計的位置による解釈仮説に忠実に従っていくだけでは，その解釈が「機械的」という批判を受けても仕方ないようなものになる危険性があると筆者は考えている。とはいえ，解釈の枠組みがなさすぎると，逆に創造力や飛躍力が羽ばたきすぎて，解釈が恣意的，主観的，一面的になる危険性もまたぬぐえない。ときには，被検者のある特徴や側面だけに光を当てており，別の意味ある

表5-4　ステップ表

```
統制力とストレス耐性
```
　1　Adj D と CDI
　2　EA
　3　EB と L
　4　es と Adj es
　5　eb

```
状況ストレス
```
　1　D（es, Adj es との関係で）
　2　D と Adj D の差
　3　m と Y
　4　T と V（自己中心性指標と成育史との関係で）
　5　D（C, M－, Mnone がある場合）
　6　ブレンド反応
　7　色彩濃淡ブレンド

```
感情の特徴
```
　1　DEPI と CDI
　2　EB と L
　3　EBPer
　4　eb の右辺
　5　SumC'：WSumC
　6　Afr
　7　知性化指標
　8　CP
　9　FC：CF＋C
　10　Pure C
　11　S 反応
　12　ブレンド反応（L と EB との関係で）
　13　m と Y によるブレンド
　14　ブレンドの複雑さ
　15　色彩濃淡ブレンド
　16　濃淡ブレンド

```
情報入力
```
（まず L, EB, OBS, HVI を見る）
　1　Zf
　2　W：D：Dd
　3　領域の継起
　4　W：M
　5　Zd
　6　PSV
　7　DQ
　8　DQ の継起

> 媒介過程

（まず R，OBS，L を見る）
1 XA％と WDA％
2 無形態反応
3 X－％，FQ－の頻度，S－の頻度（均一性と歪みのレベル）
4 P 反応
5 FQ＋の頻度
6 X＋％と Xu％

> 思考

1 EB と L
2 EBPer
3 a：p
4 HVI, OBS, MOR
5 eb の左辺
6 Ma：Mp
7 知性化指標
8 Sum6 と WSum6
9 六つの特殊スコアの質
10 M の形態水準
11 M の質

> 自己知覚

1 OBS と HVI
2 鏡映反応
3 自己中心性指標
4 FD と V（成育史との関係で）
5 An＋Xy
6 MOR の数
7 H：Pure H 以外の人間反応
8 －反応，MOR，M と人間反応，FM と m 反応，その他の表現の内容を読む

> 対人知覚

1 CDI
2 HVI
3 a：p
4 Fd
5 T
6 人間反応の数と Pure H の数
7 GHR：PHR
8 COP と AG
9 PER
10 孤立化指標
11 ペアの M と FM の内容

(Exner, 1997)[14]

面が見えないと思われることもあるし，さらには，それが被検者の実像を反映した解釈なのか，解釈者の実像を反映した解釈にすぎないのかという疑問を感じることさえある。

　筆者としては，クラスター分析の原則と解釈戦略に従って，大きな枠組みを押さえ，客観性と全体性を担保したうえで，クラスターを構成する変数を検討し，ステップに関しては，拘泥しすぎないことも重要であると考えている。したがって，『ロールシャッハ解釈の基礎——エクスナー法』（エクスナー著　藤岡ら訳，1994）[10]および『ロールシャッハの解釈』（エクスナー著　中村・野田監訳，2002）[8]では，ステップごとに，各変数と統計的なカットオフ・ポイントによる「可能な所見」が列挙されて，それに従って解釈を進めているが，本書ではそうしたスタイルをとらない。ステップに従いすぎると，やはりどうしても解釈が機械的になるという印象を筆者はもっている。

　肝心なことは，そのクラスターにおいて，どの変数が解釈上重要な意味をもっているかを把握することと，標準データのなかでの被検者個人の位置づけに留意しながらその意味を理解することの２点である。したがって，標準データ，その変数はどの程度の値になるのが「一般的」で，その被検者は一般に比してどのような位置にいるのかが，その「個性」を示す重要な情報となる。

　画一的なカットオフ・ポイントとしてではなく，個性の目安として標準データを使用するのであれば，日本人の標準データと米国人の標準データとの異同も，解釈を妨げるものではなく，かえって解釈を促進するものとして使うことが可能となろう。また，解釈者が，自身のフィールドにおける被検者たちに多く見られる特徴を，経験的に，あるいはデータとして把握できれば，解釈の精度や妥当性はさらに向上すると期待できる。次章以降に「事例」の解釈の仕方を例示する。

第6章
解釈の進め方──事例を通して

1. クラスター分析の前に

　コーディングと構造一覧表の作成で使用した事例を使って，解釈の進め方を例示する。解釈に「ねばならない」とか「こうすればパーフェクト」といった定式はないので，以下に示すのは，筆者が日頃どのように解釈をしているということを，できるだけわかりやすく示そうとしただけのものである。コードや構造一覧表，おおまかな解釈の手順は，包括システムによっているが，それ以前にロールシャッハ法について学んだこと，臨床経験および自身の人生経験から形作られてきた人生観や価値観を反映していることをお断りしておかねばなるまい。ロールシャッハ法の解釈に際しては，解釈仮説について理解しているのは当然のこととして，臨床心理学や基礎心理学のさまざまな知識や，文学・芸術などの教養，そして自身の人生経験などが生きた解釈になるかどうかの分かれ目になるものと思われる。ここに記した解釈の仕方はあくまで筆者による一例であるので，ロールシャッハ法の解釈を学ぼうとする者は，臨床経験や人生経験を積み，さまざまな人びとと事例検討を行なうことによって，「自身の解釈方法」を作り上げていってほしい。

　ここでは包括システムによる解釈仮説を述べるとして，煩雑になる危険性はあるが，クラスターごとに，ステップ表（表5-4，118〜119ページ参照）の順番で，検討するべき変数の解釈仮説およびカットオフ・ポイントに触れ，そのうえで事例の分析を行なう。そのほうが汎用性が高くなると考えるためであ

る。いくつかの変数は，クラスターにまたがって複数回検討される（たとえばMORは，思考と自己知覚のクラスターの両方に入っている）。その場合は，必要に応じて，一つのクラスターのみで説明してほかでは省略する場合と，それぞれのクラスターにおいて，その側面からの意味を述べる場合とがある。

なお事例は，検査施行時19歳の女性で，覚せい剤取締法違反で逮捕され，少年鑑別所においてロールシャッハ法を施行された。知能は普通域にあるが，WAIS-Rにおいては，言語性IQが，動作性IQよりもほぼ20低かった。事例の詳細については，変更してあることをお断りしておく。プロトコル（【練習問題3】）は第3章に（88ページ参照），スコアの継列（表4-1，94ページ），構造一覧表（表4-2，95ページ）および事例の布置表（表4-5，102ページ）は第4章に提示してある。

1）信頼性と妥当性の確認

まず，解釈を始める前に，これから解釈しようとするプロトコルの信頼性と妥当性を確かめておく必要がある。反応数が14未満のプロトコル，特にハイラムダのもの，あるいは反応拒否（失敗）のあるプロトコルは，それが被検者の人格を正確に反映している見込みが非常に低くなるので要注意である。事例の反応数は，24と平均的であり，ラムダも1未満，反応拒否も見られないので，解釈に値するとみなしてよい。

2）自殺指標の確認

次にチェックするべきは，自殺指標である。これに8項目以上該当することは，16歳以上の場合，ロールシャッハ法施行後に自殺を完遂した人のプロトコルと似た特徴をたくさんもっているということになる。人格理解をあれこれする前に，まず自殺の危険性があることをわきまえて，それを防ぐ手立てを打つことが重要になる。一つは，本人に対し，「もしかして，死にたいと思っている？ これまでに死のうとしたことある？」など，自殺企図に関する話を聞いて，その点に関して話し合うことが必要である。また，本人にそのことを告

知したうえで，本人の周囲の人びと（家族，友人，担任教師，雇用主，主治医など）に自殺の危険性について連絡し，それを防ぐ手立てをとるよう協力を依頼するべきである。自傷他害の危険性が高い場合には，秘密保持の原則に限界が設定される。

　事例の自殺指標の値は8であるので，すぐに本人と面接して，「死にたい気持ち」について話し合い，また少年鑑別所で本人の日常生活の世話と指導をしている寮の職員に連絡し，行動観察を密にすることと，対応の仕方について依頼した。本人に尋ねたところ，「今，切羽つまって死のうとは思っていないが，これまでに死のうとしたことはある」とのことで，その事情と気持ちを聞き，しかし自殺はしないよう約束した。

　自殺指標が8未満であるからといって，自殺の可能性がないというわけではない。特に，7とか6とか，かなり高い値の場合は要注意であり，自殺指標の内容を詳細に検討すると，一つスコアが変化するだけで，8を越える場合もあり，適切に対処する必要がある。

3）解釈戦略の決定

　表5-2（114ページ）により該当する鍵変数を探す。事例は，DEPI＝5であるので，DEPI＞5には当てはまらない。ずっと下にいって，まずHVI該当に当てはまる。したがって，クラスター解釈の順番は，思考→情報入力→媒介過程という認知の三側面を検討した後，統制→自己知覚→対人知覚を見て，最後に感情のクラスターを調べるということになる。その順番で，各クラスターをどのように分析するか，そしてそれをどのように統合していくかを表5-4のステップ表を追って解釈仮説を説明しながらやってみよう。

2．思考のクラスター

　思考のクラスターは，思考がどのくらい明晰で柔軟であるか（あるいはどのくらい明晰ではなくて，硬いか）についての情報を提供する。ステップ表ある

いはクラスターに含まれる変数を見れば理解できるように，まず判断・決定に果たす思考の役割を知るために体験型から検討し，思考の特徴や防衛を把握し，最後に思考障害の有無や程度を見ることになる。

　体験型（EB）は，ヘルマン・ロールシャッハによって考案され，片口-クロッパー法でもヒストグラムを作成するなど重視されており，人格のタイプに関する重要な情報を提供してくれる。すなわち，判断・決定に際して，主として思考を使うか（内向型），感情を使うか（外拡型），それとも一貫したスタイルをもっていないか（不定型）である。EBは，EAが10以下の場合は，MとWSumCの差が2以上ある場合に決められる。EAが10より大きい場合は，差が2.5以上なければならない。Mが多ければ内向型，WSumCが多ければ外拡型，スタイルが決められなければ不定型となる。

　エクスナー（Exner，1993）[15]によれば，内向型と外拡型は，スタイルの違いであり，適応上の優劣はない。たとえば，両者にパズルを解かせてみると，内向型の人はじっくり考えて一気に解答に至り，外拡型の人はいろいろとやってみて試行錯誤しながら解答に至るという違いはあるものの，最終的な誤りの数や解答に要した時間には差はないとされる。それに対し，成人になっても不定型のままであるのは，解答に至る時間が余計にかかり，誤りの数も多くなる。不定型の人は，ときには考え，ときには試行錯誤するため，一貫した問題解決の筋道をたどることができず，また過ちから学ぶことが少ないとされる。

　EBPer（体験型の浸透度）は，体験型の柔軟さを示す値で，不定型の場合は定められない。EBPerが，2.5以上の場合，そのスタイルは幾分柔軟性を欠いていることが示唆され，超内向型あるいは超外拡型と呼ばれる。

　超内向型の人は，感情を交えた判断や試行錯誤による問題解決がより適応的である場合でも，じっくり考えているだけということになりかねない。たとえば，映画館で火事を見つけたような場合でも，なぜ出火したのだろう，どのように行動することがもっとも適切かなどと考えてばかりいて，とりあえず「火事だ！」と大声を上げるとか，映画館の人に知らせるとか，消火器を探すと

いった行動をとることが遅れがちになる。

　他方，超外拡型の人は，考えてじっくり取り組んだほうがよいときでも感情にまかせて次々試行錯誤を繰り返す。たとえば，まだ治療を開始して間もない頃に次々と治療者を変えていくようないわゆる「ドクター・ショッピング」も超外拡型の行動パターンである場合もあり得る。

　内向型と外拡型の人は，かなり異なるタイプの性格を有する人びとで，WSumC や Afr の値やブレンドの数など，それぞれが期待される標準データは異なっている。しかし，たとえ内向型あるいは外拡型のスタイルをもっていても，その人が同時にハイラムダ・スタイル（$L \geq 1.0$）をもっていれば，ハイラムダ・スタイルが内向型あるいは外拡型を覆ってしまう。すなわち，その被検者は，内向型あるいは外拡型の特徴を示すよりは，ハイラムダの特徴，すなわち「回避」を前面に示す。

　ハイラムダ・スタイルを示す場合，それは反応の半分以上をFが占めており，その他の決定因が少ないということを示すので，必然的にMとWSumCは少なくなり，EAは低いことが多い。EAが4未満の場合は，回避型というべきで，たとえ内向型でも思考を十分に使いこなしておらず，外拡型でも感情を，使いこなせていない。不定型で回避型の場合は，思考も感情も使いこなせず，適応に大きな問題が生じることが多い。

　また，EBの右辺か左辺どちらかに0がある場合も（すなわちM＝0またはWSumC＝0），特定の体験型をもっているとみなすべきではない。M＝0の場合は，感情に圧倒されている状態であり，WSumC＝0の場合は，多大なエネルギーを費やして感情を抑え込んでいる状態であり，どちらも適応には破綻をきたしやすい。

　内向型と外拡型は，片口-クロッパー法でも，おおむね同様の概念とみなしてよいが，不定型に関しては，後者では，両向型および共貧型という概念に分かれる。片口-クロッパー法による共貧型は，包括システムの回避型に重なると考えてよいであろう。これらは包括システムでは，体験型をEBとEBPerおよびEAの概念を組み合わせて考えることから生じる違いである。片口-ク

ロッパー法では，ヒストグラムの見た目というあいまいな基準で体験型を判定するので，包括システムの明確な弁別基準にもとづくと，不定型であることもあり得る。両向型および共貧型という概念は，包括システムでは，体験型とは区別されるEA(M + WSumC)の多少という概念によって規定されている。片口-クロッパー法では，EAが多ければ両向型と呼ばれ，EAが少なければ共貧型と呼ばれているとみなすことができよう。包括システムには，体験型と利用できる資質の量（EA）という本来別の概念を区別できること，体験型やその柔軟性を数量的に規定できるという利点があると，筆者は考えている。ただし，最近の著作では，エクスナー（2000）[13]は，体験型を内向型，外拡型，不定型，回避-内向型，回避-外拡型，回避-不定型の6種類に分けているが，これはかえって概念を混同し，類型も煩雑にしていると筆者は考えている。従来の内向-外拡の概念と，不定型および回避型の概念とを理解していれば，解釈の際には有効に使いこなすことができよう。

　a：pは，思考の柔軟性にかかわる比率であり，どちらかの値がもう片方の値の3倍以上である場合，その人の思考の構えや価値観は，固定的で変更しにくいと考えられる。2～3倍であれば，その傾向が強い。こういう人は，自分の態度や見解を変化させたり，自分とは別の視点からものを見るのが苦手であり，治療の際には妨害要因となり得る。自分の見方，やり方以外のものがあるはずはないと思っていて，ほかの視点や行動をとってみることさえしない。いわば「頭の固い人」である。

　HVI，OBS，MORはその人のスタイル（生き方）であるので，その特徴はさまざまな人格の側面に表われ，したがって，いくつかのクラスターで検討される。

　HVIは，情報入力と自己知覚および対人知覚のクラスターでも検討される。思考の面で言えば，警戒心過剰のスタイルがあると，疑い深く，論理的ではない思考が生じる可能性があり，極端な場合は，パラノイド的な思考となり得る。

　OBSも，情報入力と対人知覚のクラスターでも検討される。強迫的スタイ

ルをもつ人は，必要以上に，正確で完全に考えようとする。正確であろうとして，言葉を数多く費やす傾向がある。よく考えるだけに，思考に一貫性の乏しさやまとまりのなさ，思考障害の兆候が見られるのであれば，そのスタイルは適応を妨げる可能性が大きい。思考が明晰であれば，時間ばかりかかって効率的ではないが，特に大きな問題とはならない。

　MOR は，自己知覚のクラスター分析で重要な意味をもつ。思考面での特徴としては，MOR が3以上の人は，努力にかかわらず，悲観的な結果を予期するという解釈仮説が成り立つ。MOR は，数が増えるほど，悲観的構えが強くなると仮定してよい。悲観的構えが強くなると，考えもせず，試したりやってみたりすることもせずに，「どうせ駄目だから」と狭い，決まりきったやり方で処理してしまう傾向が強くなる。『クマのプーさん』に出てくる，「ロバのイーヨー」を思い浮かべるとイメージしやすいかもしれない。コップ半分の水を「半分もある」ではなく「半分しかない」と考えがちな人である。

　eb 左辺（FM+m）は，第3章の運動反応の項で説明したように，意識の注意の焦点からはずれた精神活動の大きさを表わしている。標準的な FM の値は4程度，m の値は1であるので，eb 左辺の値は，5程度であることが一般的である。それより多い場合は，考えようとしても，「余計な」雑念が浮かんで集中できないという傾向が強くなる。たとえば，試験勉強しなければいけないときに限って，彼女のことや，食べたいもののことや，遊びのこと，歌などが浮かんできて集中できないといった現象が生じやすくなる。また，大切な人の「危篤」の電話を受けて病院に駆けつけようとする人は，病院への行き方や，持っていくものなどを考えようとしても「ボーッ」としてしまい，道を間違えたり，忘れ物をしたり，事故に遭ったりしてしまうかもしれない。

　同様の「雑念」でも，FM が多い場合の雑念は，通常から欲求や衝動を体験していて，そうした欲求に影響されて，考えが目の前の課題から離れていってしまうことを示すが，m が多い場合には，慢性的というよりは，現在のストレス状況によって，考えがまとまらない，集中できないということを示す。

　ただし，FM は，生きている人間が当然体験しているはずの欲求状態であ

り，これが少なすぎるとき（0〜2）にはかえって不自然であり，解釈上意味がある。FM が少ない人には二つのタイプがあって，一つは「非行少年タイプ」で，欲求を体験する間もなくどんどん行動化していくので，FM が少なくなる。欲求不満に耐えて我慢するという体験の少ない少年たちである。ほかの一つは「夢見る少女（少年でもよいが）タイプ」で，ディズニーランドの "it's a small world" のように，動物を擬人化して，FAB が付くが，FM を無理やり M にしてしまう。これらの少女たちは，自身の身体感覚から遠く，性的欲求や攻撃的欲求などの「けだもの」は自身の内にはないかのように思っているかのように見える。現在の日本の子どもたちには，FM が少ない人が多いという印象がある。

　いずれにせよ FM が多いことは，欲求充足に向けて衝動的に行動するということではなく，むしろ欲求充足のための行動化が抑えられていて，欲求不満を体験しているということを示す。実際，たとえば少年院などにおいて，非行少年の行動化が抑えられると，FM は増加することが期待される。

　Ma：Mp では，Ma が Mp より多いことが期待される。Mp のほうが多い場合，それは「空想への逃避」を表わす。つらい現実から，何でも自分の思い通りになる空想に逃げ込むことは，ある意味では一つの対処法であるが，行き過ぎると，現実適応に支障が生じてくる。『ネバーエンディング・ストーリー』の主人公バスティアンの物語冒頭の姿のようである。本人はファンタジーのなかで，一定の満足を得ることができるが，現実には何の変化もなく，夢から醒めれば相変わらず無力である。

　Mp ＞ Ma ＋ 1 と，Ma に一つ下駄をはかせたにもかかわらず，まだ Mp が多い人の場合，その人は「白雪姫」と呼ばれる。「いつか白馬の王子様が現われて，すべてを解決してくれる」と「自分はただ眠って，夢見ている」人である。水を向ければ，「どう思うか」を話すことはでき，一見中味があるように見え，興味深い人であることさえあるが，現実場面においては，自らは決断せず，失敗のリスクや責任を負わない。女子学生に多いという印象はあり，「姫」とも付いているが，女性ばかりではない。モラトリアム人間に多い。「白雪姫」

は，問題解決を人に依存し，かつ自分の願望にとって都合のよいように現実を見誤りがちであるので，人にだまされやすい。非行少女のなかの「白雪姫」は，口だけうまい「やくざ」を王子様と見誤って，彼らのために売春したり，盗みを働いてでも貢いだりすることも見られる。

「空想への逃避」は，防衛の一つであるが，判断や決定に思考を用いる内向型においては，特にその悪影響が強くなる。もともと「考えている」人であるのに，それが「考えているだけ」「夢見ているだけ」に終始することになりがちだからである。

知性化も防衛の一つである。対処しきれない激しい感情や複雑な感情，否定的な感情に襲われたとき，それを直接体験せず概念化することによって，その衝撃を弱め，否認しようとする。知性化指標が，4～6の場合，知性化を防衛として用いる傾向があると見られ，7以上になると，ストレスを感じる場面では知性化を主たる防衛として用いると解釈される。激しい感情体験の前では，知性化による防衛は効果的ではなくなり，思考はまとまりのないものになることが予想される。

以下の四つのステップは，思考障害に関する特徴を検討する。

Sum6と**WSum6**は，六つの重要特殊スコアの数と，その重みづけした合計とを意味し，WSum6が，7～10の場合，一般より多くの思考のずれや判断の誤りが見られ，思考は明確さを欠き，洗練されていないと解する。11～18になると，その傾向はさらに強まり，思考には深刻な問題があり，間違った判断や不適切な意志決定が行なわれることが多くなる。さらにWSum6が，19以上になれば，思考には深刻な障害があり，混乱して，誤った判断が頻繁に起こり，奇妙な概念化も珍しくなくなる。

ただし，これらのカットオフ・ポイントは，被検者の年齢，総反応数（R）によって修正される。年齢は若年であるほどWSum6が多くても許容される。Rが16以下の場合は，少ない反応のなかにWSum6がそれだけあるということで，カットオフ・ポイントは，下げられる。年齢およびRによるWSum6の修正については，表4-6（103ページ）を参照されたい。

WSum6の値は，ときとして思考障害の程度を適切に評価しないことがある。たとえば，動物の前足を「手」と述べることは，重大な思考の誤りを反映するものではないが，数が多くなると，WSum6を増大させてしまう。逆に，Sum6とWSum6の値にかかわらず，CON，FAB2，DR2がある場合は，重大な思考の障害が見られると解釈される。したがって，次のステップで，**六つの重要特殊スコアの質**を確認する。

　さらにM反応を検討することによって，思考の質と明確さに関する情報を得る。特にM－は，思考が風変わりで混乱しているものであることを表わすし，Mnoneは，明確な思考を妨げるようなコントロールの問題があることを表わしている。Mnoneには，怒り，悲しみ，愛などの感情的要素が強いものと，より抽象的で難解な，独裁，平和，創造といった象徴的なものが見られるが，前者は思考が感情に圧倒されて現実から離れてしまう傾向を反映し，後者は自身のとらわれによって現実を把握する能力が損なわれていることを反映し，その過程は幻覚体験と類似していると仮定されている。

■事例の思考クラスター

　ステップごとに「可能な所見」を拾っていくと，非常に情報量が多いこともあって煩雑になり，また，一つひとつの「可能な所見」をつなぎ合わせただけでは，かえって全体像が見えなくなる危険性がある。これは，特に初心者が陥りやすい罠である。ステップは，地図のように道筋を示してはくれるが，地図から実際の風景を彷彿とさせる像を描くのは，各解釈者の仕事である。特に，人格像を報告書にまとめる際は，重なる知見を整理し，矛盾する情報の隙間を埋め，わかりやすい言葉で，短くまとめる必要がある。したがって，ステップごとの知見を書き並べるだけでは，残念ながら，報告書にはならないことを肝に銘じるべきである。

　筆者は，クラスター分析を行なうときは，まずステップ表を参照しながら，解釈上意味がある変数を中心にメモしていくことから始めている。事例でいえば，たとえば以下のようにメモする。

> EB＝4：3.0　不定型，a：p＝7：5，HVI該当，MOR＝4，eb＝7：2，FM＝5，m＝2，Ma：Mp＝2：2，Sum6＝6，WSum6＝15，DV＝2，INC＝1，FAB＝2，M－＝1（X図版反応20）

そのうえで，解釈仮説をメモしていく。たとえば以下のようにする。

(1) 不定型なので，考えたり，感情的に判断したり，自分の問題解決スタイルが確立していない。これは治療のターゲットとなる。どちらに安定しやすいだろうか。統制のクラスターで再度検討を要する。

(2) 態度は柔軟で，新たな情報に対して開かれている。これは心理療法を行なうのにはよいニュースだ。

(3) ただし，HVIに該当して，疑いやすいので，その点は留意する必要がある。これは対人関係のクラスターでさらに検討する必要がある。

(4) MORは非常に多く，悲観的である。努力してもよい結果は得られないと思いがちである。疑いや失望を感じやすく，抑うつ的になりやすい。この否定的考え方も治療のターゲットになる。

(5) FM＝5とm＝2は，やや多い。何か困惑するような欲求不満状態に自身で気づいているか，あるいは自分のことを自分で決められないという不安感や無力感を感じているだろう。したがって，雑念が生じて，注意集中が困難で，考えがまとまらないであろう。そのことが，問題解決能力を損なっている可能性がある。しかし，この状態には状況的なストレス要因も見られる。逮捕され，少年鑑別所に入っているのだから，ある意味でストレスを感じて当然であろう。このストレス状況が改善されれば，雑念も少し減る可能性がある。

(6) Sum6＝6はやや多い。やや非論理的で，判断の誤りが多いであろう。漠然とした，場当たり的な理由づけや判断をして，自分も人も混乱させるかもしれない。しかし，Sum6の中味とM－反応の中味を見ると，CON，レベル2，ALOGはなく，M－の歪曲も激しいも

のではなく，思考の誤りは，重篤なものというより，軽率さや教育の不十分さを反映している。はっきり考えられるようにさせていくことは，日々の適応をかなり改善させるだろう。これも治療の大切なターゲットである。

3．情報入力のクラスター

情報入力のクラスターでは，情報を取り入れようとする努力や動機づけの高さ，および情報処理の質と効率に関して検討する。ステップに沿って分析する前に，情報処理の全体的特徴を押さえるために，ラムダ，体験型，OBS，HVI を見ておく必要がある。一つひとつの解釈仮説は変わらないが，それらの特徴の有無によって，解釈仮説をより鮮明なものにすることができるからである。それぞれの特徴による解釈仮説の留意点については，各ステップにおいて示す。

Zf は，これだけでは確定できないが，とりあえず情報処理に費やす努力について，最初の情報を与えてくれる。Zf の期待値は，年齢，体験型にかかわらず，9～13 である（ちなみに，日本人の標準データでは，12～17 と米国人に比し，やや高くなっている）。この範囲にあれば，情報処理に関する努力は，一般の人と同じ程度である。期待値より多ければ，情報処理により多くの努力をしていることを示し，より少なければあまり努力していないという解釈仮説をたてる。

ただし，ハイラムダ・スタイルがある場合，Zf の期待値は，6～10 になる。ハイラムダ・スタイルは，回避スタイルであるので，Zf が低くなることは予想されることであり，6～10 に下がって自然であるが，もしハイラムダ・スタイルでありながら，Zf が 10 より大きい場合，それはある種の「矛盾」を示しており，なぜそうなっているのかを検討する必要がある。逆に，6 未満の場合，回避スタイルとは矛盾しないが，あまりにそのスタイルが行き渡っており，取り入れるべき情報も取り入れておらず，適応に問題が生じる可能性がある。

W：D：Dd は，情報処理の努力が効果的であるかどうかに関係している。ここでは，D の数は，W の 1.3～1.6 倍であり，Dd は 3 以下であることが期待される。Dd が 3 以下で，W が多い場合は，情報処理に相当の努力をしていることを示すが，それは必ずしも効果的・効率的ではないかもしれない。D が多い場合は，あまりエネルギーと時間とを費やさず，効率的に情報を処理していることを示す。他の変数との関係も考慮する必要はあるが，雑駁なイメージを述べると，W が多い人は，時間をかけてじっくりとものごとを処理し，D が多い人は，比較的迅速に，実際的に片付けていくという感じである。どちらがよいというものではない。とはいえ，日本人の場合，既述のように W が多く，D との比率は逆転して，W の数が D の 1.5～2 倍になっている（高橋ら，1998)[2]。

　Dd が多い場合，以下の三つの可能性があり得る。①刺激野の細かいところに過度にとらわれる完全主義的，強迫的傾向，②警戒的で，疑い深く，あいまいさを避けようとする傾向，③DdS が多い，否定的で怒りに満ちた構えがある場合。いずれにせよ，Dd は D とは異なり，相当見た後に，ようやく出される反応であり，素直な見方ではない。

　領域の継起 では，W がどの図版で出ているか，および各図版で W と Dd の出ている位置の二点を確認する。I，IV，V，VI，VII 図版は，ブロットのまとまり具合からして，W を出しやすい図版であり，II，III，VIII，IX，X 図版は，比較的出しにくい図版である。出しにくい図版にわざわざ W を出すことは，より多くの情報処理の努力を要することを意味する。それにより，これまでにたてた解釈仮説を多少修正する必要があるかもしれない。

　各図版においては，情報処理のアプローチが一貫しているかどうかを見る。W の位置は，最初か最後であることが多い。Dd の位置は，最後であることが多い。W と Dd の出る位置が図版ごとにばらばらである場合，誤った情報入力が増える可能性がある。たとえば，日本地図を見て県名を列挙するという課題の場合，北海道から，あるいは沖縄から順に，地方ごとに挙げていけば見落としも少なくなろうが，北へ南へと飛んでいたのでは，誤りも多くなるで

あろう。

　W：Mは，課題達成への努力とそれを実現するために利用可能な資質とのバランスを表わすと解釈される。体験型によって期待されるMの数が変わるので，期待されるW：Mのカットオフ・ポイントも体験型によって異なる。WがMに比して多い場合（内向型で1.5：1，不定型で2：1，外拡型で3：1を超える場合），現在の自分の能力を超えた過大な目標設定をしていると解釈される。いわば「頑張りすぎ」である。その結果，課題達成に失敗し，欲求不満を体験することも増える。子どもや思春期の少年少女は，高い目標を掲げがちであり，5〜6歳では5：1〜8：1，9〜11歳で4：1，12〜14歳で3：1がカットオフ・ポイントになる。

　逆に，WがMに比して少なすぎる（内向型で0.75：1以下，不定型と外拡型で1.2：1以下）場合，「用心深く手堅い」か，「意欲不足」が考えられる。Zfが平均以上であれば前者，平均より低ければ後者と解される。いずれにせよ「宝の持ち腐れ」状態である可能性がある。

　Zdは，+3.0〜−3.0の範囲にあることが期待される。Zd＞+3.0の場合，過剰統合スタイル（overincorporative）と呼ばれ，非常に注意深く見て，すべての手がかりを見落とすまいとする。一般にはこのスタイルは，時間はかかるが長所となることが多い。一緒にドライブをしていると，筆者が見落とした道案内や標識を必ず見ているので便利である。しかし，あまりにあれこれ慎重に見ようとしすぎて決められなくなる場合には，弱点ともなり得る。

　逆にZd＜−3.0の場合，過少統合スタイル（underincorporative）と呼ばれ，あわてたり，場当たり的に見るため，重要な情報を見落として，認知に誤りが生じる可能性が増大する。テストで，見落として「ケアレス・ミス」をすることが多いような人である。一度に三つのことを指示すると，必ず一つは忘れているような人である。

　PSVは0であることが期待されるが，たまに一つ出ることもある。それはたいていカード内のPSVである。その場合は，ときに注意の転換が困難で，情報処理の効率が落ちることがあると解釈される。PSVが2以上の場合，注

意を転換することが非常に難しいことが示されている。これは，幼い子ども，深刻な心理的問題を抱えている人，あるいは神経心理学的問題がある人に見られる。認知機能について，ロールシャッハ法以外のより詳細な検査を行なう必要がある。

　DQの分布は，認知過程全体に関係している。DQ＋の期待値は，内向型で7～10，不定型と外拡型で5～8，12歳未満の子どもでは，体験型に無関係に，5～8である。DQvの期待値は，内向型と不定型で0か1，外拡型で1か2である。子どもの場合は，DQvが多くなる。DQv/＋は，あまり見られない反応で，期待値は0，10歳未満の子どもで1である。DQ＋の数は，情報処理の質を表わし，DQvとDQv/＋の数は，ときとしてその質が低下することを表わす。情報処理の質やその低下の有無は，その後の認知的媒介過程や思考過程に影響を及ぼす。

　DQの継起は，領域の継起同様，どの図版でDQ＋やDQvが出たか，また図版内でのDQ＋とDQvの位置について検討する。DQ＋は，散らばったブロットで出やすく，それはWを出しやすい図版とはほとんど逆である。すなわち，DQ＋は，Ⅱ，Ⅲ，Ⅶ，Ⅷ，Ⅹ図版で出やすく，Ⅰ，Ⅳ，Ⅴ，Ⅵ，Ⅸ図版で出にくい。どの図版で出ているかを見ることは，情報処理に関する仮説の妥当性を確かめるのに有用である。

　図版内では，情報処理の質が常に高い被検者においては，DQ＋は，最初の反応に出ることが多く，このことは彼らが質の高い情報処理をすることに慣れているということを示している。DQ＋が後から出てくる場合には，粘り強い努力を続けることが示されているが，逆に言えば，質の高い処理を行なうことにあまり慣れていないことも示される。

　DQvが，図版内の最初の反応として出ている場合，それは衝動性を示すか，あるいは注意の集中に問題があることを示すと考えられる。DQvが，図版内の途中か最後の反応として出されている場合，何かはっきりした形態をもった反応を形成するような認知機能が妨害され，認知の質が低下するような心理的な混乱が生じたと考えられる。なぜ処理の質が低下したのかを検討する必要が

ある。なお，領域の継起については，スコアの継列表の下欄に記載されている。DQ の継起については，スコアの継列表を参照する。

■**事例の情報入力クラスター**

> 体験型：不定型，HVI 該当，Zf=20，W：D：Dd=16：4：4，W：M=16：4，Zd=−2.0，PSV=0，DQ+=11，DQv=DQv/+=0

(1) 情報を取り入れることに非常に熱心で，その質も総じて良い。このことは，治療を考える際には肯定的な所見となる。
(2) しかし，現在の実力以上に高い目標を設定しがちで，これは目標達成の失敗につながりがちで，失敗感や欲求不満を強めやすい。
(3) Dd が多く，このことは HVI 該当と合わせて考えると，警戒的で疑い深い傾向を表わしているだろう。
(4) DdS も 2 個あり，疑い深い構えが，怒りや否定的構えによっている可能性がある。
(5) ほとんどが，W で入っているが，IX 図で D，X 図で Dd から入っている。多彩色刺激によって，アプローチが乱れた可能性がある。特に X 図は，DdS も 2 個出ており，散らばった多彩色刺激，すなわち複雑で多様な感情刺激に対しては，一層警戒的で怒りを含んだ反応が出やすいのかもしれない。

4．認知的媒介のクラスター

認知的媒介（Mediation）クラスターは，現実検討力に関する重要な情報を与えてくれる。ステップが少なく，また関係する変数が，構造一覧表の媒介のところに比較的まとまっているので，筆者は，ステップを順に追っていくというよりは，実際のところ，XA％，WDA％，X−％，X+％，S−と P の数，

X+％，Xu％を睨んで，どのくらい現実検討力があるのか，手がかりが明確な場合，どのくらい常識的な反応ができるのか，怒りにかられると判断力が低下する傾向はあるか，判断が誤りとはいえないが，人とは異なる個性的な反応をする傾向はどれくらいあるのか，などについて大づかみに情報を得ることが多い。その際，反応数が少ない場合，一つの形態水準のスコアリングの違いが，現実検討に関する各％に大きく響いてくることも念頭に置く必要があろう。また，媒介クラスターにおいても反応の継起を見ていくが，それは反応内容を読み込んでいくことではなく，ここでは形態水準の変動に注目をして，現実検討力を評価することに主眼が置かれる。反応内容の継起については，「自己知覚のクラスター」で読み込む。

　既述のように，米国人の標準データを日本人の解釈に当てはめようとする場合，最も問題になることの一つが，この形態水準と平凡反応に関する基準である。米国人のデータによるカットオフ・ポイントをそのまま日本人に当てはめると，日本人の現実検討力を過少評価することになりかねない。とはいえ，高橋ら[2]のデータに依拠することには，筆者にはまだ確信がもてない。さらにいえば，数％にこだわって，特定の解釈仮説のカットオフ・ポイントの上だ下だと述べても，あまり意味がないようにも思える。したがって，現在のところ，あいまいではあるが，XA％とWDA％については，.80程度であればおおむね問題はないとみている。それより小さければ，現実検討力に問題があるという仮定で，その程度を評価していくことになる。以下はその評価の手続きになる。

　無形態反応（FQxnone）は，あまり頻繁には生じない反応で，たいていは0か1である。無形態反応が2以上の場合は，たとえXA％やWDA％が80以上であったとしても，強い感情（CやC'，T，V，Yによる無形態反応）や統制されていない思考（Mnone）によって，現実検討が損なわれる可能性があると解釈される。

　マイナス反応を検討して現実検討力における問題を評価する。X−％は，0.15未満で，マイナス反応の数は1〜3個であることが期待される。X−％が

それ以上高くなる場合，それに応じて現実検討力が損なわれている程度も高くなる。その際，どこでマイナス反応が生じているか，マイナス反応の歪曲の程度はどのくらいであるか，が重要な情報となる。スコアの継列表を見て，マイナス反応の共通性を探る。以下のような可能性がある。①すべてのマイナス反応がⅢ図版までに出ている場合，検査状況に対する反応として，現実検討力の低下が生じている。検査に対して否定的な構えをもって臨んだか，あるいは慣れない状況では現実検討力の低下が生じる人であるのかもしれない。②すべてかほとんどのマイナス反応がSがらみで出ていれば，怒りや否定的構えにかられたときに現実検討力を低下させると解される。また色彩図版でマイナス反応が頻繁に生じたり，有彩色や無彩色，あるいは濃淡の決定因にまとまってマイナス反応が生じていれば，感情的要因が現実検討力を低下させている。③運動反応でマイナス反応が出ている場合，M−は，誤った判断や思考が現実検討を歪めていると考えられる。それに対して，FMとmがらみのマイナス反応であれば，欲求やストレス体験によって生じた雑念が効果的な現実検討を妨げている。④FrまたはFDにマイナス反応がかたまっている場合は，自己イメージの問題が現実検討力を低下させることが考えられる。⑤マイナス反応が四つ以上で，F反応にかたまって出ていて，ハイラムダである場合は，回避スタイルゆえに現実を歪めて受け止め，非適応的になっている。ハイラムダでない場合は，より意図的な防衛として現実を歪めている可能性がある。⑥特定の反応内容にかたまってマイナス反応が出ている場合は，何らかの心理的とらわれが現実検討力を低下させていると考えられるが，とらわれの中味については，反応内容を検討すると情報が得られる。たとえば，解剖反応や顔反応でマイナスになるといったことである。⑦マイナス反応が四つ以上あって，いつも各図版の最初に現われる場合，特にその後の反応の形態水準はマイナスでなくなる場合，意欲がないか，性急で衝動的な認知をすると解釈される。力動的解釈のアプローチでは，「回復力がある」と解釈されるが，どちらも誤りとはいえまい。焦点のあて方の違いであろう。逆に，マイナス反応が，各図版の最後に現われる場合，そのマイナス反応が被検者にとって特別な意味があることが

多く，その内容を検討する必要がある。ただし，司法場面での査定などで，自身の「おかしさ」を強調したい被検者も，各図版の最後にひどいマイナス反応を出す傾向がある。同様に，F－％が，70を超える場合も，「詐病」の可能性を考慮するべきである。

マイナス反応の歪曲の程度も検討しておかなければならない。多くのマイナス反応は，マイナスではあるが，「許せるレベル」のもので，いわば形態水準表に掲載されているようなマイナス反応である。それよりまずいのは，せっかく適切な反応をしているのに，明らかなマイナス反応を重要な要素として付け加えて結局，反応全体を損なってマイナス反応となってしまう場合である。たとえば，Ⅷ図版で，「動物（D1）が，人（D4）を食べている」というような反応である。D1 の動物は，FQoであるが，D4 の人は，FQ－である。最も歪曲の程度が大きいのは，誰が見ても「え？ 見えない」というマイナス反応である。1個のマイナス反応でも歪曲の程度が大きければ，ときとして状況にそぐわない不適切な行動をとる可能性が高い。歪曲のレベルが高いマイナス反応が二つ以上あれば，現実検討力には大きな問題があり，不適切な行動はしばしば生じると予想される。

P（平凡反応）は，5～7個が期待値である。その範囲である場合は，手がかりが明白なときには，慣習的な反応が生じると予想される。それより多い場合，慣習的であること，社会に受け入れられることに過度の関心を抱いているのではないかと考えられる。より少ない場合，非慣習的な反応が生じる可能性が高くなる。非慣習的であることは，それだけで問題を生じさせるわけではないが，社会的慣習を無視する傾向があり得る。

なお，Pの数は，Rの数によって期待値，すなわちカットオフ・ポイントが，上下1ずつ程度変動し得る。Rが16未満の場合，4～6個が，Rが29以上の場合は，6～9個が期待値である。また，12歳未満の場合の期待値は，4～7個である。

平凡反応については，解釈仮説からしても，日本人の平凡反応に準拠するのが適切であるかもしれない。

FQ+が1〜3である場合，被検者は検査を受ける動機づけが十分で，より正確であろうとする傾向がある。4以上であれば，非常に正確であろうとし，意思決定において過度に用心深い傾向を示すであろう。OBSに該当し，FQ+が4以上であれば，より完全主義的である。

X+％とXu％は，適切な反応が慣習的なものか，より個性的なものかに関する情報を与えてくれる。Xu％が.20以上であれば，個性的な反応が多くなるといえよう。個性的な反応が多いことはそれだけでは問題とはならないが，社会的な要求や期待に沿わない行動をする可能性が高くなることから，周囲との間に軋轢が生じやすい傾向はあろう。特に，X+％が，低めの場合は，その傾向も強まる。

■事例の認知的媒介クラスター

> WDA％＝.85, XA％＝.75, X+％＝.54, Xu％＝.21, X−％＝.25, S−＝2, P＝7

(1) 現実検討力には，大きな問題はない。明白な状況では，常識的な振る舞いができる。これは，肯定的な所見である。
(2) しかし，X−％とXu％はやや高く，ときとして現実と願望とを混同させて，現実判断や意思決定に誤りが生じることがある。マイナス反応の出方にはっきりしたパターンは見られず，どのような場合に形態水準が低下するかは，自己知覚のクラスターでさらに検討する。

5．統制のクラスター

統制のクラスターでは，状況からの要請に応じて，ストレスに耐え，自分のまとまりと方向性とを維持して，どれくらい決定と行動ができるのかということに関する重要な情報が提供される。ステップの数は五つと少なく，したがっ

て関係する変数も少ないが，ほかの心理的特徴に直接影響してくる変数群である。

Adj D は，統制力に関して，最初の直接的な感触を与えてくれる。すなわち，Adj D＝0のとき，その人は，統制力とストレス耐性とを一般的な程度に有し，Adj D＞0であれば，ストレス耐性が強く，行動を意志によって統制できる可能性が高く，Adj D＜0であれば，逆に統制力とストレス耐性は一般に期待されるより弱くなっていると，とりあえず仮定する。プラスとマイナスの場合，その絶対値が大きくなるほど，仮説の意味も強くなる。

ただし，ここでいう統制力とストレス耐性とは，Adj D の定義を見直せば理解できるように，ああしたい，こうしたいという欲求の総和と，それらの欲求を実現するのに利用できる資質の総和とのバランスにすぎない。したがって，以下の二点に留意する必要がある。

(1) ここでいう統制力とは，「自分の行動を自分の意思でコントロールすることができる」という意味であり，Adj D＞0であることが適応的であることを必ずしも意味してはいない。むしろ Adj D＞0は，それが適応的であるにせよないにせよ，自分では欲求に比べて打つ手をもっていると感じていて，困っていないので，変化したいという動機づけが乏しいということにもなり，これは周囲からの働きかけに動ぜず，あるいは治療への動機づけが乏しいということにもなる。あるいは人や状況のニュアンスに鈍感であるということもあり得る。逆に Adj D＜0も，自分では対処しきれないという感じがあり，困っていて，変化や治療への動機づけがあるという意味でもある。

(2) Adj D に表わされた統制力については，CDI や Adj D を構成する EA，Adj es といった変数を検討し，その信頼性を確認する必要がある。それによって，統制力の過大評価や過小評価を修正する必要がある。

　　Adj D＞0か Adj D＜0の場合は，CDI には関係なく，Adj D の

仮説を採用してよいが，Adj D = 0 の場合は，CDI ≧ 4 であれば，Adj D = 0 に期待されるような一般的な統制力は期待できない。特に対人場面では容易に統制を失いやすい。

EA が，平均域以上にある場合，Adj D は 0 以上になることが期待されるが，もしマイナスになっているとしたら，それは Adj es が EA 以上に昂進しているためである。EA が平均域以上にある場合は，Adj D の値は，被検者の統制力を過少評価している可能性がある。逆に EA が平均域未満の場合，Adj D も 0 未満になることが予想されるが，もし 0 以上であった場合，それは EA のみならず，Adj es も平均域未満であることから生じる。その場合は，Adj D の値は，被検者の統制力を過大評価していることが考えられる。

EB の左辺か右辺に 0 があり（M = 0 か WSumC = 0），もう片方がある程度の値を示しているときは，感情面に大きな問題があることが多く，EA の信頼性に疑問が生じる。したがって，Adj D の信頼性も疑わしくなる。M = 0 で WSumC ≧ 4 の場合，強い感情が生じた際には，感情に圧倒され，大きな混乱が生じる可能性がある。焦点づけられた思考すなわち M が 0 で感情に圧倒されるとなれば，衝動的な行動が非常に多くなるといえよう。逆に，WSumC = 0 で M ≧ 4 の場合，感情を抑え込むことに多大なエネルギーを投じているが，これを行なうのは並大抵のことではない。したがって，ちょっとしたことで一見の統制はすぐに崩れる。

ハイラムダの場合，EA は低くなる可能性が高いが，es も低くなる可能性が高い。その場合は，Adj D = 0 であっても，実際には一般的な統制力は見込めない。すなわち統制力を過大評価している可能性が高い。

eb のうち，状況ストレスに関係していない変数を検討し，ストレスの内容がどのようなものであるのかを見る。各変数が，その期待値から外れる場合，それに当てはまる解釈仮説を採用する。また，eb の左辺（FM + m）は，右辺（SumC' + SumT + SumV + SumY）より大きいことが期待される。もし，右辺のほうが大きく，かつ es ≧ 4 である場合は，被検者は何らかの心理

的苦痛を体験していると考えられる。

■**事例の統制クラスター**

> EB＝4：3.0, EA＝7.0, eb＝7：2, es＝9, Adj es＝8, D＝Adj D＝0, FM＝5, m＝2, C'＝T＝Y＝0, V＝2

(1) 一般と同程度の統制力とストレス耐性をもっている。
(2) ストレスを体験しているとすれば，欲求不満と無力感から，雑念が浮かんで思考がまとまらない状態と，自身の否定的な特徴に目が向いて感じている心理的苦痛であろう。思考のまとまらなさは状況的ストレスにもよっている。

6．状況的ストレスのクラスター

このクラスターは，D と Adj D に差がある場合にのみ検討する。すなわち，平素の統制力と現在の統制力とに差が見られる場合に，現在の状況ストレスがどの程度で，どのようなものであるのかについて評価する。本事例では，D＝Adj D＝0 であるので，事例の状況的ストレスのクラスターを分析することはしないが，ステップに沿って，手順を示しておく。

D, EA, es, Adj es を調べて，本当に状況ストレスを体験しているかどうか確認する。検査状況そのものもストレス体験であり得るので，m や Y が検査状況によって生じているのか，それとも最近の生活状況にあるのか不分明だからである。また，スコアが一つ不適切でも，D と Adj D に差が生じることもあり得るので，特に m と Y のスコアを見直す。スコアが間違ってなければ，最近の生活状況について検査以外の情報を集める必要がある。最近の生活状況からストレス体験が推察される場合は，状況によるストレスを体験しているという基本仮説を採用してよいが，もし見当たらなければ仮説の採用は控え

る。生活状況に関する情報が得られない場合は，基本仮説採用の可能性を念頭に置いて，次のステップでさらに検討することになる。

Adj D － D は，通常１である。その場合，状況ストレスの影響は，軽度から中程度であるとみなす。差が２以上の場合，ストレス体験は非常に深刻なもので，ストレスの影響で，平素の統制がかなり損なわれていると考えられる。

m と Y を見て，ストレスが思考と感情のどちらにより大きな影響を及ぼしているかを検討する。どちらかがもう片方の３倍以上であれば，ストレスは多いほう（m が多ければ思考，Y が多ければ感情）により強い影響を及ぼしている。３倍未満の場合，両方に影響を与えている。

T と V は，普通は状況要因によって影響されないが，ときとして状況的あるいは一時的な状態を反映していることがある。SumT が期待値（１）より大きい（２以上）場合，現在体験されているストレスは，最近の情緒的喪失体験に関係している可能性が高い。愛する人を失ったとか，子どもであれば可愛がっていた犬が死んでしまったとかである。SumV が期待値（０）より大きくて（１以上）自己中心性指標が基準値より高い場合，状況ストレスの一部は，最近体験した罪悪感や後悔に関係しているかもしれない。どちらも生活歴からそうした体験が確認できれば，Adj es から期待値を超えた数だけ引いてみて，その結果 Adj D が上がるかどうか確認し，状況ストレスをより正確に評価する。

D，C，M－，Mnone を検討して，現在の統制力を評価する。D ≧ ０であれば，たとえ状況ストレスがかかっていて，多少統制力が低下していようと，一般的以上の統制力はあるので問題はない。D ＜ ０であれば，統制力は低下していて，衝動的になる可能性がある。C があれば，その衝動性は感情表現において，M－や Mnone があれば，思考面の統制に表われると思われる。D マイナス絶対値が大きくなればなるほど，問題も比例的に大きくなる。

m または Y によって生じているブレンド反応，すなわち m や Y を除くとブレンド反応ではなくなってしまうブレンド反応が，全ブレンド反応数の20％を超える場合，状況ストレスによって心理的複雑さが増している。30％を超える

場合は，複雑さは非常に増加していて，そのことが心理機能に重大な障害を与え得る。特にDがマイナスの場合，心理的な脆さが問題となる。

　色彩濃淡ブレンド反応は，感情の混乱や両価性を表わす。こうしたブレンドが2個以上ある場合は，ストレス状況が，感情的混乱を増加させていると考えられ，衝動的になる可能性が高くなる。

7．自己知覚のクラスター

　自己知覚のクラスターは，自己イメージや自己評価に関する情報を提供してくれる。ここでは，反応に投影されている自己イメージを読み込んでいくので，一番「腕の見せ所」の多いクラスターでもある。

　OBSと**HVI**は，思考クラスターでも「思考」に関連して検討するが，ここでは「自己知覚」に関係して見る。OBSは，強迫的で，正確であろうとする，完全主義へのとらわれを意味するが，こうした人は内心では自分の能力に疑いをもち，自己不確実感を抱いているとされる。したがって，OBS該当の人の自己イメージは，誇大的というよりは，控えめあるいは否定的であり，失敗を過大に受け止めやすい。HVI該当の人は，外界に対して不信感が強く，脆弱感を感じやすい。

　鏡映反応があることは，自己に関心が集中し，自身のことに時間とエネルギーを費やし，自己を過大評価する傾向を表わす。自己の高い評価を維持し，再確認しようとする動機が，その人の意思決定や行動に強い影響を与える基本的人格特性となる。周囲から承認を得られているうちは，適応上の問題は生じにくいが，得られないと，自己の過大評価を維持するために，合理化，外罰，否認などの防衛機制が不適切に用いられ，不適応や病理が生じてくる可能性がある。自分の価値を確認できないような状況が長く続くときは，非社会的あるいは反社会的構えに陥りやすい。

　鏡映反応があり，高い自己評価を抱いていることが示されながら，同時に自己中心性指標が平均以下である場合や，VやMORといった自己の傷つき感

の存在を示すような兆候が見られるときは，自己評価に関する葛藤の存在が仮定される。そうした場合には，自分を点検しようとする行動も多くなり得る。

自己中心性指標は，高すぎもせず，低すぎもしないことが適応的である。自己中心性指標が，平均域（0.33～0.45）より高く，鏡映反応もある場合，被検者には自己愛的特徴があって，自己を過大評価している。平均域より高いが，鏡映反応がない場合は，必ずしも高い自己評価を示すわけではなく，自身への強い関心を表わしているにすぎない。それは自分への満足を示していることもあれば，不満足を示していることもある。

自己中心性指標が平均域かそれ未満で，鏡映反応があることは，高い自己評価が間違っているかもしれないという気づきを示している。自己イメージに対する内的な葛藤を抱いていると思われる。思春期であれば，それは社会的成熟が進みつつある兆候とも見られるが，成人であれば，ますます防衛を強めたり，気分の変動を生じさせやすい。

鏡映反応がなくて，自己中心性指標が平均域未満である場合，自己評価が否定的になりやすいことを示している。ほかの人と比べて自分はうまくいっていないと思いやすく，抑うつ状態の前触れにもなりやすい。

第4章に述べたように，自己中心性指標の平均域は年齢によって異なるので，16歳未満の被検者の場合，表4-7（103ページ）を参照されたい。

また，日本人の自己中心性指標は，米国人よりやや低く，高橋ら（1998）[2]は，平均域（すなわちカットオフ・ポイント）として，0.20～0.40を提案している。

FDと**SumV**は内省と関係している。FDが1～2個ある場合，自己を省みる構えがあると考えられ，それは肯定的な所見である。多すぎる（3以上）場合は，自己中心性指標が平均域であれば，自身への関心を示すが，平均未満であれば，あれこれ自分について考えを巡らせているだけで，かえって逆効果であるかもしれない。また，SumVが1以上あることは，自分自身の否定的な面に目が向けられていることを意味し，そのことが苦痛を感じさせている。

An+Xyが2以上ある場合，一般的ではない身体的関心があると仮定される。特に形態水準マイナスあるいはMORが付く場合，重大な身体的関心を反映している。その反応を読み込むことによって，自己イメージに関する情報を得る。身体的な問題を抱えている場合，3以上であることは珍しくはないが，身体的問題が認められない場合は，自身の身体にとらわれすぎているか，脆弱感を感じている。

　MORが2以上ある場合，否定的で傷ついた自己イメージをもっているとみなされる。MORのついた反応は，自己イメージの内容や自己損傷感について，重要な情報を提供してくれるので，後ほど，内容に投影されたイメージを読み込む。

　H：(H) + Hd + (Hd) は，人間反応の数が3以上の場合，Pure Hの数がそれ以外の人間反応の数の和よりも少ないときには，自己イメージが現実体験よりも想像にもとづいていて，適応上の問題を抱えていると解釈する。さらに人間反応の形態水準や領域，特殊スコアの有無などのコードを検討して，的確で適応的な自己イメージをもっているかどうかを評価する。

　エクスナー博士はPure Hを非常に重視している。人間反応のなかにこそ，自身をどう見ているかという同一性の問題が反映されるとみなしているからである。Hdは，部分対象であるし，(H)は非現実的な対象であり，Pure Hが現実的な全体的人間像を表わすと考えている。エクスナー博士が，「私はPure Hの数が非常に多い」と自慢（？）していたのを聞いたことがある。

　投影された内容を読み込む反応は，①マイナス反応，② MOR反応，③人間運動反応（M）と人間反応，④動物運動反応（FM）と無生物運動反応（m），⑤その他の言語的修飾のある反応である。第1章に述べたように，これらの反応に被検者の内面が投影されると考えるからである。実際にどのように読んでいくかは，多くの事例にあたり，経験を積んでいくほかないので，ここでは留意点のみを記載する。

　マイナス反応は，現実検討を凌駕するような心理的構えやとらわれを反映することがあり得るが，すべてのマイナス反応に個人的内容が投影されているわ

けではなく，単に誤った情報処理や認知的媒介を反映しているにすぎない場合もある。したがって，同じような内容が表われたり，似たような表現が繰り返し使われている場合に，投影を解釈する。マイナス反応とMOR反応とは，通常，自己イメージの否定的な面についての情報を提供してくれる。

　MOR反応は，Ⅱ図版の「傷ついた動物」，Ⅳ図版の「つぶれたカエル」など，比較的よく見られる内容を過大評価してはならないが，その内容が独特で，劇的なものである場合，また特にそれがマイナス反応である場合は，自己の否定的な面が直接投影されている可能性が高くなる。MOR反応の前に「私は」を付けて読んでみると，被検者の自己イメージの否定的な面が実感できる気がすることがある。

　運動反応と人間反応は，肯定的と否定的自己イメージの両方について，豊かな情報をもたらしてくれる。否定的な自己イメージだけではなく，肯定的な自己イメージも見ておくことはとても重要である。たとえば，「立っている」「見ている」だけといったM反応をする被検者は，そういう自己イメージをもっていて，その自己イメージがある程度的確である場合，実際の生活場面でもそうした動きをすることが多い。子どもが遊んでいる，あるいは踊っているといったM反応をする被検者と，二人の人が協力して作業をしているというM反応を出す被検者と，喧嘩をしているM反応を出す被検者とでは，自己イメージも実際の行動の仕方も異なることが予想される。ちなみに，筆者は学生時代に被検者となったロールシャッハ検査で，Ⅲ図版に「二人の人が走っていてぶつかりそうになって，キキキーと急ブレーキをかけて止まって，お互いに〈どけ！〉とののしり合っている。この赤いのは二人が怒っている印。こっちの赤いのは二人がいかれている印」という反応をした。今思うと，当時の自身の自己イメージと振る舞い方とを非常によく映し出している。

　ただし，この場合も，Ⅲ図版の「人が二人何かを持っている（話しているなど）」や，Ⅶ図版の「女の子が二人で踊っている」やⅧ図版の「動物が登っている」など，比較的よく見られる反応は，それ一つで過大に評価することは避けるべきである。特徴の同質性や繰り返し出てくる表現に注目して解釈する

ことがよい。

　最後に，これ以外の，まだ見ていない，特徴的な言語的修飾をされた反応があれば，その内容を読み込む。

1）継列分析

　投影された内容を読み込む際に，プロフィールを最初から最後まで順に読み通していくか，それとも投影されている内容があると思われる反応を，まとまりごとに組織的に読んでいくのか二つの方法があるが，包括システムでは，後者のアプローチをとっている。前者のアプローチをとることは，図版ごとの反応の流れを見ることができることが利点である。しかし，包括システムの基本的考え方に従えば，すべての反応に豊かな投影された内容があるわけではないので，すべての反応を解釈しようとするのは不適切であるし，解釈も「結局，何なの？」という焦点のぼやけたものになる危険性がある。また構造分析よりも継列分析を優先させると，「名人」がプロトコルを「う〜ん」と睨(にら)んで，サラサラと「解釈」を紡ぎ出すといったスタイルになりがちで，「すごいなあ〜」とは思うが，聞いている人にはなぜ，どのようにして，そうした解釈が導き出されるのかわからないし，結局，自分ができるようにはならないことも多いような気がする。「名人芸」または「魔法」を見て驚嘆するよりも，凡庸でも手堅い解釈を，比較的短時間で効率的に，そして何より自分自身の言葉でできるようになることが望まれる。包括システムの初学者は，解釈から継列分析や内容の読み込みを省いてしまいがちであるが，解釈の一番おいしいところでもあり，是非組み入れてほしい。ケース検討会に参加することが腕を磨く一つの方法である。「仮説は大胆に，解釈は謙虚に」が原則である。

　実際問題としては，筆者は，反応数が少ないときは，スコアの継列表の決定因の欄の空いたところに反応内容を記入して，最初から最後まで読んでいくし，反応数が多いときは，組織的アプローチをとることが多い。筆者が目にすることが多い非行少年のプロトコルは，反応数が少ないことが多いので，結局「自己知覚」のクラスターで反応を最初から最後まで読み込んでいくことが多

くなる。経験を積むにつれて、被検者の反応の流れが記憶に残りやすくなり、各図版の刺激に被検者がどう対応していったかという反応の流れを、被検者の体験に沿って解釈者も追体験しつつ見ていくことは、解釈上魅力的で、有効である。その際は、各図版の刺激特性を理解しておくことが必要となる。ヘルマン・ロールシャッハは周到に図版を選択し、現在の順番に並べたとされる。各図版の刺激特性を理解しておくと、解釈時ばかりではなく、検査施行時にも、「さあ、次のこの図版にはどう反応するかなあ」と、わくわくしながら図版を手渡すことになる。

2）各図版の刺激特性

Ⅰ図版は、最初の刺激として、比較的反応しやすい図版となっている。Ⅰ図版にどのように反応していくかは、慣れない場面や評価されるような場面でどのように振る舞うかということをよく表わすと考えられる。特に、最初の反応は「サイン・イン反応」と呼ばれ、それなりの意味をもつ。はたして、Ｐの「コウモリ」や「蝶」で入るのか、顔反応で入るのか、それ以外の反応で入るのか。この図版では、四つあるＳの扱いも注目である。

Ⅱ図版は、最初の色彩図版であり、黒と赤のコントラストが強く、しかも下の赤は黒と重なっていることが特徴的で、反応しにくい図版である。この赤（と黒のコントラスト）にどう対応するかが興味深い。日本人には比較的多いが、全体で二人の人と見るか、黒の部分にＰの動物を答えるか、あるいは赤を血と見て、「怪我をしている」とするか。あるいは真ん中のＳに反応する人もいる。形態水準や発達水準は変動したか。

Ⅲ図版は、再び赤があるが、二度目であり、また黒い部分からはっきりと分離している。この図版では、赤の処理とともに、Ｐの人を見るか見ないか、見るとすればどのような人で、どのような動きをしているのか（あるいはしていないのか）が注目される。また、比較的ブロットの散らばりが大きく、全体反応が難しくなる。D7の「歯」や「目」に注目する被検者もいる。

Ⅳ図版は、黒々とした濃淡のかたまりにどのように対処するかが見どころ

である。Ｐの「怪物」や「大きな人」が見られることも多いが，その際は権威への態度が反映されることが多い。FDも比較的見られやすい図版である。

Ⅴ図版は，比較的まとまった，刺激の少ない図版で，ＷでＰの「蝶」または「コウモリ」も見やすく，一休みの図版である。刺激が少ない分，一般的にはこの図版で反応数が少なくなるが，逆に増えることもある。

Ⅵ図版，Ⅶ図版と，淡い濃淡のある刺激が続く。この淡い濃淡にどのように対処するかが注目される。Ⅵ図版は，男性器が連想されやすいこと，Ⅶ図版は女の子が見られやすいこと，あるいは真ん中の大きなＳが「子宮」を連想させるという向きもあって，それぞれ男性性と女性性に関する同一視を検討する人もいる。包括システムでは，その仮説を採用していないが，筆者としては，証明はされていないが興味深い仮説であると考えている。

Ⅷ図版からは多彩色図版が続く。多彩色図版は，集団状況など，多彩な感情的刺激のある場面での行動の仕方について貴重な情報を提供してくれる。多彩色図版で急に反応数が増える被検者もあって，それはAfrで示されるような感情刺激への反応性でもあるが，止めどころがなくなるという衝動性を表わしていることもあるようだ。Ⅷ図版は，D1のＰの動物が見えやすい。それが動物であるか，どんな動物であるか，どのような動きをしているかを見る必要がある。これは鏡映反応が出やすい図版でもある。

Ⅸ図版は，おそらく一番答えにくい図版であろう。日本人ではＰ反応もない。この難しい図版にどのように対処するかをみたい。色が重なって，汚れて見えることからＹ反応や色彩濃淡ブレンド反応もときとして出る。またD2の向こうに，DS8を顔に，DdS22を目に見て，何かが覗いているといった反応や，DS8の奥にろうそくの火や人影を見るFDやＶの反応も見られる。

Ⅹ図版は，色彩が豊かなうえに，ブロットが散らばっていて，反応数が増える傾向がある。日本人ではＰはないが，DdS22で「人の顔」反応がFQ−ではあるが，頻度としてはよく出る。この図版の最終反応は，「サイン・アウト反応」と呼ばれ，サイン・イン反応と合わせて，どのように始まり，どのように終わるかということで，興味深い情報を提供してくれることがある。

■事例の自己知覚クラスター

HVI 該当，Fr＋rF＝0，3r＋(2)/R＝.50，FD＝SumV＝2，An＋Xy＝0，
MOR＝4，H：(H)＋Hd＋(Hd)＝3：4，
マイナス反応：6,10,13,20,21,24
　Ⅲ 図6　「カエルのお化け。ふわって浮かんでるのが二つ火の玉みたい」
　Ⅴ 図10　「変になって生まれてきちゃったワニ。顔が二つで体が一つ」
　Ⅶ 図13　「イヌが2匹。お座りして上半身だけあげて，食べ物をちょうだいってせがんでる」
　Ⅹ 図20　「人がおでこをぶつけそうになっている。倒れそうで，衝突しそう」
　　　 21　「おじさんの顔」
　　　 24　「時計」
MOR 反応：10,12,22,23（重複している反応は記載を省略する）
　Ⅵ 図12　「キツネが二匹横たわって倒れている。死んじゃっているような」
　Ⅹ 図22　「水槽のなか。珊瑚が水が入るから削れちゃってる」
　　　 23　「妙な虫。クモが巣を作ろうとして，場所を決めて，上に登っていってる。クモにも見えるけど，足の数とか，削れちゃってる」
M 反応：5,7,14,20（重複している反応は記載を省略する）
　Ⅱ 図5　「人が二人。手とすねをくっつけている」
　Ⅲ 図7　「人が二人。同じ格好をして向かい合っている。石に手をついている」
　Ⅶ 図14　「女の人が二人。お互い向き合っている。キスしようとしてるみたい」
FM 反応：12,13,16,17,23（重複している反応は記載を省略する）
　Ⅷ 図16　「クマが二匹山みたいな岩を登っている。親グマが座って土台になっている」
　Ⅸ 図17　「リュウが二匹うねってる」
m 反応：6,18（重複している反応は記載を省略する）
　Ⅸ 図18　「炎が三色に燃え上がっている。剣が下から出てきたような感じ。勇者の剣を盗もうとする人がいるから，炎が守っている」

(1) 対人不信感が強く，自分を傷つけられやすいと感じている。
(2) 自己への関心は強いが，自己評価が高いというよりは，自分自身に対する不満足感が強い。
(3) 習慣的に内省する構えがあり，そのことは自己イメージを再考しやすくさせるので，心理療法には適している。
(4) ただし，彼女の内省は，自身の否定的な面に注意が集中していて，苦痛を感じていることも示されている。
(5) また，自己損傷感も非常に強い。
(6) 彼女は，現実世界の全体的人間像に同一視することがあまりうまくできていない。彼女はまだ同一性を確立していないであろう。
(7) 自分が何者であるかはっきりせず，ほかに依存的で，養育されたいと強く願う反面，ほかとはうまくいかずに衝突しそうになっており，命や成長は滞っている状態にあると感じている。
(8) 私は「変になって生まれてきちゃったワニ」「死んじゃっているようなキツネ」「削れちゃってる珊瑚」「足が削れちゃってるクモ」のようであると感じている。頑張っているのにうまくいかない，外からも傷つけられ，死にかけているような，そもそも「出来損ない」なのかもしれないという否定的な自己イメージをもっているようだ。
(9) Ⅱ・Ⅲ・Ⅶ図で，人というPure Hまたは平凡反応が出ているのは肯定的な所見である。しかし，この人たちは，積極的，協調的に動くことはない。とはいえ，人と接触したいという気持ちは強いようである。
(10) 自己損傷感が強い反面，本来の自己像は，力強く，特権的ともいえそうな存在であり，そうした存在を損なうものとして外界を見ているようだ。
(11) 生活史を見ると，高校中退後家出をしたが，2年間，水商売をしながらパートナーと同棲し，それなりに自活をしてきた。しかし，約半年前にパートナーと別離し，その後，客にストーカー行為をさ

れ，相談した男性に覚せい剤を勧められて手を出し，少年鑑別所に入所している。
(12) 頑張り屋で，できると自負もしていたが，最近は自分で自分が嫌になるようなうまくいかない体験が続き，自分の否定的な面をあれこれ気にして苦痛を感じている状態であろう。

8．対人知覚のクラスター

　対人知覚のクラスターは，ほかの人びとをどう見ているかということに関する情報を与えてくれる。ただし，実際の対人行動は，単に被検者側の要因だけではなく，彼（女）の置かれた環境や状況との相互作用で決定されるので，ロールシャッハ法の知見だけで予測することは不可能である。

　また，対人知覚は，人格を査定するというロールシャッハ法の課題のなかで，最も環境要因の影響が大きいクラスターで，したがって環境・文化的な違いが反映されやすい側面であろう。日本人のデータを解釈する際には，そのことを念頭に置いて，何らかの補正を行なっていくことが必要であると筆者は考えている。

　CDIに該当する場合，被検者は社会的に未成熟であると解釈される。社会的スキルに乏しく，対人関係において困難をきたしやすい。人の欲求や意向に気が回らず，「鈍いうえにつまらない人」と思われがちである。対人関係から尻込みして，孤立していることもあるが，人とうまくやっていきたいという気持ちも強い場合が多くて，自身の対人関係に欲求不満を抱いていることも多い。しかし，どうしてよいかわからない。社会的な失敗を繰り返して，抑うつ状態になることもしばしばである。既述のように，日本人にはCDI該当が非常に多い。日本人に求められる対人的・社会的行動と米国人に求められるそれとは異なると思われ，その点を考慮して解釈する必要があろう。EAの低いCDI該当者とEAは低くないCDI該当者とでは，異なるという印象もある。後者は，日本人としての「でしゃばらない」社会的スキルを身につけていると

いう言い方も可能かもしれない。とはいうものの，EAが高くてCDIに該当する人は，一人で行なう課題解決時に際して，対人場面での課題解決能力は低下するという傾向は否めない。

　HVIに該当する人は，外界に対して警戒心や不信感が強く，他者との関係では，非常に慎重で用心深い。他者との距離を慎重に置こうとし，関係をコントロールできると感じられなければ，他者との親密な関係をもとうとはしない。ほかからの親しげな振る舞いには，疑い深くなる。ワイナー博士によれば，HVIの人は「握り締めた拳」のような人である。不信感が強く，自分を傷つきやすいと感じていて，いつ後ろから殴られるかわからないと思っているので，常に拳を握り締めているが，ずっと握り締めてみればすぐわかるように，これはとても疲れるあり方である。しかし，これも既述のように，日本人にはHVI該当も多い。日本人と米国人では，「親密」を含めて，対人関係のもち方が異なるのであろう。ちなみに，米国で「親密」といえば，それは身体と身体の接触を意味するようである。すなわち，Tが前提となる。

　a：pは，思考クラスターにおいても，態度や価値観の柔軟性に関する指標として検討したが，対人関係のクラスターでは，対人関係において受動的な役割を好むかどうかという点から検討する。$p > a+1$の場合，その人は対人関係で受動的な役割をとることを好み，意思決定の責任を回避しようとすることが多い。また，問題に対して新しい解決方法を探したり，新たな行動パターンをとってみることも少ない。しかし，必ずしも服従的というのではない。

　食物反応（Fd）が，成人で1以上，子どもで2以上ある場合，他者に対して依存が強いとみなされる。こういう人は他者に対して甘えた期待をもちがちで，人が自分の欲求に関心をもち，寛容であり，それを満たしてくれることを当然であると思いやすい。いわばヒナが口を開けて待っていれば，親鳥が餌を運んで口に入れ，養育してくれるようなものである。日本人では，三人に一人がFdを出している。日本人は「甘えが強い」ということに，やはりなるのであろうか。

　SumTは，親密さへの欲求と関係している。T＝1のとき，親密さへの欲

求が一般的な程度であり，T＝0であれば，そうした欲求がないわけではないが，それを自分に認めたり表わしたりするやり方が多くの人びとと異なっていて，親密な関係を結ぶことには非常に用心深く，人と距離を置こうとするし，逆にT＞1であれば，最近生じた喪失体験のためか，あるいはより根深い，決して埋めきれない喪失感のために，親密さへの欲求が強くなっていて，寂しさが募っている，しかし，どうすれば親密な関係が得られるかわからないし，下手をすると，寂しさゆえに，口先だけの人に操作されてしまいやすくなると解釈される。

　しかし，既述のように，日本人のデータでは，T＝0が62％，T＝1が27％，T＞1が9％であり，Tがないことこそが，日本人における多数派の表現であるといえよう。米国人では，ⅣかⅥ図版の「毛皮」でほとんどのTが出されるとのことであるが，日本人の生活には米国人の生活ほどに「毛皮」は見られないことも関係しているのかもしれない。いずれにせよ，日本人で，握手したり，握手代わりに抱擁したり，会話の最中にしょっちゅう身体に触れたりすれば，よくて「米国かぶれ」，悪くすると「気持ち悪い」と言われかねないのではなかろうか。Tはあくまで，肌触りを通しての人との交流欲求であり，日本人の伝統的対人交流の主たる源泉は，むしろ接触はしない，「まなざし」によるものなのではないかと，筆者は考えている。

　人間反応の数とPure Hは，前者が他者への関心の程度を，後者が，人に対する理解が現実にもとづいたものであるかどうかを評価する。人間反応の数の期待値は，総反応数，体験型，年齢によって異なる。総反応数が平均的（17〜27）な場合，人間反応の数は，内向型で5〜8，外拡型で3〜6，不定型と回避型で4〜7が目安となる。子どもの場合は，それより低くなる。内向型はMが多いことによるので，人間反応数も多くなるのは当然であろう。それぞれ，期待値より多い場合，人間への関心が強い，期待値より低い場合，人間への関心が低いとみなされる。

　また，人間反応の数のうち，Pure Hがどのくらいを占めるかということも大切な情報である。Pure Hが人間反応の数の半数以下である場合，他者のイ

メージは現実体験にもとづいておらず，人間のことをよく理解していないと解釈される。そういう人は，人の行動の意味や動機を読み誤ったり，相手との関係に非現実的な期待を抱いたりして，ほかとの関係で失敗したり，孤立することが多くなってしまうと予想される。

　GHR：PHRは，人間反応の数が3以上で，GHRがPHRより大きい場合，被検者はたいてい状況に適した対人行動をとると予想される。GHRがPHR以下の場合は，逆に状況に適さない対人行動をとることが多くなると予想される。

　GHRは，効果的かつ適応的対人関係に関係していて，これが多い人は，他者からは好意的に評価されており，対人行動には問題が見られない。他方，PHRは効果的でない，あるいは適応的でない対人行動パターンと相関があり，これが多い人は，これまでの対人関係においても争いや失敗が多く見られるし，人や世の中のことがよくわかっておらず，あるいは不器用なため，不適切な振る舞いをして，望まない争いをしたり，人から避けられたり，拒絶されたりしてしまうことが予想される。

　COPとAGは，被検者が対人関係を協力的と見ているか，攻撃的・競争的なものと見ているかという構えを反映していると考えられている。「見方」であるので，それがそのまま行動に移されるとは必ずしも言えないが，COPが多い人は，ほかから友好的で社交的な人と見られることが多いし，逆にAGが多い人は，ほかから，強引あるいは攻撃的と見られることが多くなるであろう。

　COP反応でも，FQ－で認知障害を示す特殊スコアが付いていたりする場合，その肯定的な意味合いは変質してしまうし，AG反応でも，そのスコアの特質や内容によって，否定的な意味合いが強まったり，弱められたりする。また，COPとAGとは別々に解釈されるわけではなく，バランスも考慮される。どちらか一方がたくさん出て，もう片方が0というのは，対人関係に対する構えがどちらかに固定してしまっていることを示すと考えられる。協調的な見方が優位で，社会的に受け入れられる形での攻撃性や競争性も見られるというあ

たりが，社会的適応性としては，落としどころであろう。

COPとAGの期待値は，米国人ではそれぞれ2と1である。日本人では，COPも米国人よりはやや少ないが，それでも平均値と中央値が1であるが（COP＝0は38％），AGは0が76％を占めている。

PERは，一つまでは，自分の知っていることを根拠に安心感を得ようとする「よくあること」と見なされる。二つか三つの場合は，対人関係でやや防衛的で，安心感を保とうとして知識をひけらかす傾向があると予想される。四つ以上になると，対人場面では脅かされる感じをもち，それだけに自分が非難されそうになると，防衛として権威的に振る舞いがちの人で，周囲からは頑固で狭量な人とみなされやすいと解釈される。

孤立指標が，0.25以上0.33未満の場合，被検者は日常的な社交にあまり関心をもっていないか，嫌がっていると解釈される。これは社会的不適応を示すものではない。好みの問題である。0.33以上の場合，被検者は社会的に孤立していると解釈される。こういう人は，円滑で有意義な対人関係を築いたり，維持したりすることが難しく，実りある対人関係を体験してこなかったと考えられる。

ペア反応のMとFMを見て，相互交流を述べるときに何かパターンが見られるかを検討する。MとFMについては，すでに自己知覚のクラスターで評価しているので，ここで新たな仮説が生じることは少ないが，対人関係のもち方の視点から，仮説が明確になったり，詳細になることが期待できる。

■事例の対人知覚クラスター

```
HVI該当，a：p＝7：5，Fd＝1，T＝0，H：(H)＋Hd＋(Hd)＝3：4
GHR：PHR＝5：2，COP＝1，AG＝0，PER＝1，孤立指標＝.13，
ペアのM：5，7，14，20，ペアのFM：12，13，16，17，23
```

（1）彼女は警戒心過剰指標に該当している。人に対する警戒心や不信感

が強く，いつも身構えて，用心している。自分の考えや気持ちを人に気さくに明かしていくようなことはしないし，人との距離を慎重にとろうとする。
(2) 他方，彼女は依存的で，人からサポートを受けたいという甘えが強い。人が自分の欲求に関心をもち，それに沿って動いてくれることを期待し，そうでないと恨みや裏切られたという感情を抱きがちである。
(3) 人に対し，警戒し，距離をとりつつ，同時に甘えを満たしてもらおうとすることは，ある意味で矛盾し，葛藤を生じさせる可能性がある。
(4) 人間に対する関心は人並みにあり，また状況に適した振る舞いもできる。しかし，対人場面は彼女に緊張感を強いて，居心地の悪い感じを抱かせるであろう。保護してくれ，甘やかしてくれる人との親密な関係を強く求める一方，開放的，社交的に振る舞うことは難しく，社会的場面では，どちらかといえばよそよそしい人と思われているかもしれない。

9．感情のクラスター

　感情のクラスターは，感情がその人の意志決定に関してどのような役割を果たしているのか，否定的な感情はどの程度生じ，それをどう扱っているのか，感情表現はどのようになされるか，感情が混乱することがあるかといったことについて情報を与えてくれる。
　DEPI と **CDI** は，感情，認知，自己知覚，対人知覚という異なる変数の集まりであるが，これらに該当する場合は，感情に多大な影響を与えるので，感情クラスターは，まずこの二つから検討していく。
　DEPI＞5で該当し，CDI ではない場合，社会的不適応を生じさせかねないほどの重大な感情の問題が存在する。心理的苦痛や抑うつの訴えや，ちゃんと

行動できないという訴えがあることもしばしばである。DEPI＝5で，CDIではない場合は，その人格構造には感情の大きな混乱がしばしば生じるような特徴があると考えられる。抑うつ，気分の変動，不安・緊張感などの一時的な訴えを繰り返しやすい。

　DEPIとCDIの両方に該当する場合は，感情の問題は，対人関係や社会的スキルの問題ゆえに誇張されている可能性がある。DEPI＞5の場合，人との関係がうまくいかないゆえに，結果として失望や苦悩，絶望を体験していると考えられる。状態としては「抑うつ」でも，真のうつ病とは異なる。周囲の支えの有無によって，彼らの感情状態は変化する。治療にあたっては，社会適応力の向上を目指すことが最優先されるべきで，抗うつ剤による治療には慎重になるべきである。DEPI＝5の場合，社会適応上の問題ゆえに，感情の問題が生じる可能性があると考えられる。

　EBと**ラムダ**および**EBPer**については，思考クラスターに述べたので，参照されたい。

　eb右辺の値が左辺よりも大きければ，被検者は精神的な苦痛を体験していると思われる。どのような精神的苦痛を体験しているのかを，右辺を構成する変数の値（C'，T，V，Y）を検討することで評価する。SumC'が3以上の場合，感情の発散を抑え込もうとして，いらいらするような否定的な感情を体験している。SumTが2以上の場合，寂しさや情緒的な飢餓感を感じている。SumVが1以上の場合，自分を責めたり，自身の否定的な面に目が向いて苦痛を感じている。SumYが3以上の場合，状況ストレスを解決できないための無力感を体験している。

　左辺が右辺よりも大きくても，右辺の各変数が基準値以上である場合は，その変数に関する不快な感情を体験しているとみなしてよい。

　SumC'がWSumCより大きい場合，感情の表出をしばしば抑え込んでおり，その結果，かなりの苛立ちを体験していると解釈される。有彩色反応は，感情を表出し，発散させることに関係し，無彩色反応は，感情表出を抑え込むことによっていらいらを感じることに関係していると仮定されている。なぜ過

度に感情表出を抑え込もうとするのかについては，いくつかの理由が考え得る。感情のコントロールに自信がないため，感情によって混乱することを恐れて直接扱うのを避けようとするため，感情を厄介に感じて人に表わすことに不安を感じるためなどである。

　Afrは，体験型と回避型の有無および年齢によって，平均域がかなり異なる。14歳以上で，外拡型の場合 .60〜.89，不定型で .53〜.83，内向型で .53〜.78，回避型で .45〜.65 である。子どもの場合，5〜6歳で .57〜1.05，7〜9歳で .55〜.92，10〜13歳で .53〜.83 である。Afrが平均域より大きい場合，感情刺激に引き付けられていて，感情のやり取りに関心が高い。平均域より低いが，.44以上の場合は，感情刺激にあまりかかわろうとしない傾向がある。.44未満の場合は，感情刺激を避ける傾向が非常に強い。こういう人は感情を処理する際に，居心地の悪さを感じ，社会生活や対人関係を避ける。子どもや思春期の場合，感情のやり取りが発達に欠かせないものであるので，それを避ける傾向は問題となる。

　Afrの高低は，感情の表現の仕方やコントロールとの関係で考慮される必要がある。感情表現の調整やコントロールに問題があるのに，感情刺激を求めることは，自身の感情調整の問題に気づいておらず，問題を生じさせる可能性がある。Afrが低いことは，自身の感情調整の問題に気づいて，かかわりを少なくしている可能性でもあり得る。

　知性化指標が，4〜6の場合，被検者は一般的な人よりも感情を知性化する傾向がある。知性化によって，感情の衝撃は軽くなり得るが，それは否認でもあり，その感情が本来もっている意味を歪めてしまう。7以上の場合は，感情的なストレスを感じると，主たる防衛規制として知性化を使うと考えられる。激しい感情には知性化の防衛は破綻しやすく，心理的に機能しなくなりがちである。

　CPはめったに見られないが，一つでも見られた場合，否定的な，辛い感情を否認し，現実ではない肯定的な意味づけをすることによって対処しようとする防衛規制を用いていることが示されており，解釈上重要である。それは現実

を無視したり，歪めたりしていることを示す。ポリアンナ症候群とも呼ばれている。

FC：CF＋CとPure Cの数からは，感情表現の調節に関する情報が得られる。細かいカットオフ・ポイントが設定されているが，基本的には，FCが多いことは，よく調整された穏やかな感情表現が多いことを意味し，CF＋Cが多くなると，抑制のゆるい，はっきりした感情表現が多くなる。特にPure Cは，激しい，ぶちまけるような感情の発散と関係する。感情表現の調整は統制がきつすぎても問題が生じるし，ゆるすぎても問題が生じ得る。年齢が低い場合，成人より感情表現の調整はゆるいことが期待される。成人で感情調整がゆるいことは，統制力との関係で，多様な意味をもち得る。内向型の人で，CF＋CやPure Cがあることは，思考スタイルの有効性が感情によって妨害されることを示す。

Pure Cがない場合，2(CF＋C)＞FC＞CF＋C＋1が平均域である。それよりFCが多い場合，感情の発散を厳重にコントロールし，調整された感情表現をすると考えられる。FCがCF＋Cの3倍以上になると，強い感情表現を恐れていることを意味し，感情表現をコントロールしすぎているとみなされる。感情的に萎縮している可能性がある。子どもでは，大人よりCF＋Cの比が高くなることが期待される。

2(CF＋C)＞FC＞CF＋C＋1と平均域であるが，Pure Cが1ある場合は，平素は一般的な程度に感情調整をしているが，ときとして調整に失敗し，非常に激しい感情発散をすることがある。

2(CF＋C)＞FC＞CF＋C＋1と平均域であるが，Pure Cが2以上の場合は，被検者は感情をうまく調整しようと頑張ってはいるものの，しばしば調整に失敗する。成人では稀であり，統制力の問題と絡めて検討するべきであるが，子どもや思春期では珍しいことではない。

FC＞2(CF＋C)で，Pure Cが1以上の場合は，普段は感情発散を厳重に調整しているが，そのコントロールを失いやすいことが予想される。こういう人はたいてい感情に関する葛藤を抱えていて，それだけに感情のコントロール

を失わないよう手綱を引き締めているが，ときとして葛藤によってこの努力がぷつっと切れてしまう。

　CF＋C≧FC＋2でPure Cが0か1の場合，被検者の感情調整は一般よりもゆるく，その感情表現は，はっきりとあるいは強く表わされる。このことは必ずしも否定的な所見ではないが，ほかの変数との関係次第では否定的な所見ともなり得る。子どもや思春期ではよく見られるが，年齢に関係なく，内向型には少ない。

　CF＋C≧FC＋2でPure C＞1の場合，感情の調整に重大な問題があることが示唆される。このような人は，感情表現が激しくて，衝動的な人という印象を与えることが多い。統制力の問題から意思に反してそうなっている場合もあるが，心理的に未成熟で，感情調整の重要性を理解せず，わがままさや他の行動を支配したいという気持ちから生じている場合もある。ただし，子どもでは珍しくないし，思春期でも散見される。

　CF＋C＞FC＋3でPure Cがない場合，被検者は感情の発散を調整することがずっと少ない。こういう人は感情表現の激しさで人目をひくことが多い。その激しい感情表現が非適応的であるかどうかは，他の変数との関係による。子どもや思春期ではよく見られる。

　CF＋C＞FC＋3でPure Cが1以上の場合，感情の調整が非常にゆるいことが示されている。成人で，これに該当する人はあまりいないが，そういう人は周囲から感情的で，未熟とみなされがちである。現実検討力の低さや感情の混乱といったほかの問題も併せもつ場合は，感情調整の失敗が，社会生活の大きな妨げになり得る。幼い子どもには一般的に見られる。

　Pure Cがある場合は，その内容が原始的で未熟なものであるかどうかを検討する必要がある。同じPure Cでも「夕焼けの茜色」「サファイア。澄んだ青だから」といった抽象的，知的な反応はかなり調整されており，感情の失敗は小さく，一時的なものである。一方，「飛び散った血」「燃え上がる火」「内臓」などはより原始的で，感情調整に無頓着であることを示す。こういう人は，感情調整が不十分で不適応行動を起こしやすい。

Sの数が3個で，それがすべてⅠ図版かⅡ図版で出ているなら，被検者は検査を受ける用意が十分にできておらず，検査状況に対して反抗していると考えられる。Ⅲ図版以降に生じているSがあれば，その被検者は，周囲の状況に対して，批判的，対抗的になりやすいと思われる。

　Sが4個か5個で，すべてがⅢ図版までに生じているなら，被検者は検査状況にかなり苛立っている。望まない課題をやらされるときには反抗的になりやすいであろう。より慢性的に，権威に対して反抗的である可能性もある。

　Sが4個以上で，Ⅳ図版以降に生じているものがある場合，被検者には強い怒りの感情がある。この怒りは，般化され，意志決定や行動にまで影響を及ぼす。直接行動に表わす者もいるし，間接的に表現する者もいる。この怒りは，他者との意味ある深い関係をもつことを妨げる。日常生活に必要な些細な妥協や歩み寄りもできないからである。

　ブレンドの数や反応数に占める割合からは，現在の心理的複雑さが評価できる。心理的複雑さは状況によっても変化する。ストレス，欲求，葛藤などが高まれば，心理的複雑さも高まる。

　ブレンド反応が総反応数に占める割合は，体験型と回避型によって異なるが，平均域より低い場合，被検者の心理的複雑さは期待されるよりも乏しく，感情を刺激されるような複雑な状況に直面すると，行動上の問題を表わすことが考えられる。平均域より高い場合，被検者の心理的複雑さは期待されるよりも高い。さまざまな感情体験に対応できるだけの資質があれば問題ないが，そうでなければ，行動の整合性や安定性が感情によって大きな影響を受ける可能性が高くなる。各体験型の平均域は次のようである。内向型（13～26％），外拡型（19～33％），不定型（16～36％），回避型（8～14％）。

　mとYによって生じるブレンド反応（mやYがなくなればブレンドでなくなってしまう反応）が2個以上ある場合，それを一つだけ残してブレンド反応の比率を計算し直す。その結果，前のステップと異なる範囲に入るようであれば，状況ストレスで心理的複雑さが増加しているとみなす。

　ブレンド反応の約3/4は，二つの決定因で構成されている。三つの決定因に

よるブレンド反応は，約 1/4 である。四つ以上の決定因からなるブレンドはきわめて稀である。したがって，三つ以上の決定因からなるブレンド反応が 1/4 以上を占めるとき，あるいは四つ以上の決定因によるブレンド反応が一つでもあるときは，被検者はときとして心理的に複雑になりすぎることを示している。

色彩濃淡ブレンド は，有色彩と無色彩あるいは濃淡の決定因をもつ反応であり，感情が不安定で混乱し，両価的であることを意味する。外拡型あるいは不定型の人に色彩濃淡ブレンドがある場合，ときに感情が不安定になったり，混乱するが，それほど問題にはならない。特に外拡型の人は，感情を扱うことに慣れているので，一時的に不安定になってもなんとかなる。しかし，内向型あるいは回避型の人に色彩濃淡反応がある場合，被検者はしばしば感情によって混乱してしまうと思われる。その場合，彼らは感情を強烈に体験し，そこから抜け出すのが困難になってしまう。彼らは感情に慣れておらず，どう扱ってよいかわからないからである。色彩濃淡ブレンドが Y によって成立している場合は，感情の不安定さや混乱は，状況的要因によっていると考えられる。

濃淡ブレンド は，濃淡あるいは無色彩によるブレンド反応であり，きわめて稀ではあるが，もしあれば，被検者は非常に辛い感情を体験している。この大きな苦痛は，感情にも思考にも広く影響を及ぼす。

■ **事例の感情クラスター**

```
DEPI=5, eb=7:2 (C'=T=Y=0,V=2), SumC':WSumC=0:3.0,
Afr=.60, 2AB+Art+Ay=3, CP=0, FC:CF+C=0:3, Pure C=0,
S=4, ブレンド反応：m.CF, FM.VF, m.CF.FD, CF.VF
```

(1) 彼女はときどき抑うつ感を体験している。
(2) 自身の望ましくない面，間違いだったと思う判断や行動に関して否定的な感情を体験している。

(3) 感情の調整はゆるすぎる。調整しようと思えばできるのにしない。感情的にやや未成熟で、周囲から見ると、彼女の感情表現は、激しすぎて、かつ表面的で浅いとみられがちである。この子どもっぽい感情表現は彼女の適応の障害となっているであろう。

(4) 怒りや恨みの感情が強い。この怒りが彼女の判断を曇らせたり、人を遠ざけていて、適応するうえで障害となっている。

さて、クラスター分析を一通りやってきた。いよいよ最後のまとめである。

【課題5】はじめに自身のプロトコルを解釈する。

第7章
解釈のまとめ

1. 報告書を書く際の留意点

　クラスター分析によって，被検者がどんな人で，どうしたらよいかに関する情報はたくさん得られた。しかし，残念なのは，それらをただ並べたのでは，報告書にはならないことである。一般的に，クラスター分析を並べただけの報告書には二つの大きな欠陥がある。一つは，だらだらと長いが，断片的で，立体的な人格像が生き生きと頭に浮かびにくいこと，もう一つは，言葉が「ロールシャッハ検査用語」で，硬くてわかりにくいことである。逆にいえば，この二点に気をつければ，合格点の報告書が書けるのではないかと思える。
　とはいうものの，実際どうやってクラスター分析をまとめ，自分にも人にもわかるような言葉で書くかということは，実は筆者にもよくわからない。この二点は，「心がけていること」という程度の代物である。筆者としては，クラスター分析を進める過程で，徐々に被検者の人格像が頭のなかに浮かんできて，「これが一番大事」あるいはこの人を「一言で言い表わせば」と思うところから文章を書き始めることが多い。報告書は，述べるべきことは述べたうえで，短いほうがいいので，最初に大事なことを書いてしまったほうがいいと考えている。書き出しの一文が大切で，これが決まると，それに関連して，「ああそうだ。これも言っておいたほうがいいな」ということが次々と頭に浮かんでくるようだ。しかし，「これしかない」という書き方はないだろう。
　「何が一番大事か」ということは，「何がロールシャッハ法を施行した理由

か」ということを考えると，明らかになることが多い。報告書は，検査依頼者が報告を求めているその問題に応え，ニーズを満たすことが大切である。たとえば，精神科診断の一資料としてロールシャッハ検査の報告を求められているのであれば，PTIやDEPIの結果を中心として，鑑別診断にかかわる所見から記載することになろう。あるいは，たとえば，凶悪事件を起こした非行少年の「危険性」について意見を求められているのであれば，「攻撃性」「統制力」「対人関係と共感性」といった点について，ロールシャッハ検査からわかることから書くということになるかもしれない。あるいは，治療方針や処遇指針を求められているのであれば，治療のターゲットになる問題点と，その改善に利用できる資質，そしてその問題をどのようにすれば，どの程度の期間あるいは容易さで改善する見込みがあるのかといったことを書くべきであろう。

　いずれにしても，何が重要な問題となるかという点については，鍵変数の順番が一つの参考になる。PTIやDEPIに該当していれば，何にせよ思考あるいは感情に大きな問題が認められるのであり，最終的に精神障害の可能性を示唆するにせよ，しないにせよ，それらの問題について記載することは重要であろう。CDIに該当したり，DスコアがAdj Dスコアより小さかったり，Adj Dがマイナスになる場合も，それによって社会生活上大きな問題が生じる可能性が高いので，そこから記載することは大切である。それ以降の鍵変数は，「人格のスタイル」にかかわることであるが，「ハイラムダ・スタイル」「自己愛スタイル」「内向型」「外拡型」「受動型」「警戒心過剰スタイル」は，その人の判断や行動を方向づける重要な核となる。

　包括システムのロールシャッハ法から得られる情報量は非常に多いので，膨大な情報を取捨選択してまとめていくには，ある意味で大胆さも必要になる。そうやって大きくなたを振るい，丸太から人格像を粗彫りにしていき，だいたいどんな人柄かわかるくらいに彫れたかな，と思うところで書いたものを二，三回見直して，手を入れる。この見直しと再考，修正の作業が重要である。抜けているところを加え，重複しているところはまとめ，あいまいな表現をできるだけ少なくし，できるだけ生き生きとした表現に変え，言葉を選び，

細かいところもよりはっきりさせるための手直しをする。いわば粗彫りに，彫刻刀で目鼻立ちをつけて，仕上げをするようなものである。元の粗彫りが被検者の実像と似ても似つかないものであればお話にならないが，クラスター分析で「大外れ」はしないくらいに彫れると思われるので，この「仕上げ」が腕の見せどころである。この「仕上げ」に生命を吹き込むのは，継列分析の情報であることも多い。

　診断にせよ，治療方針あるいは処遇指針の作成にせよ，危険性の査定にせよ，それぞれ精神科診断，治療や処遇，非行犯罪について知識と経験とを有していればいるほど，より正確で生き生きとした報告書を書けるであろう。ロールシャッハ検査の報告書を書くのにも，ロールシャッハ法以外の力が重要になってくると思われる所以である。

　ロールシャッハ検査用語を，わかりやすくて生き生きとした，それでいて的確な日常語で表現するには，たくさんロールシャッハ法を施行し解釈を行なうこと，そしてできるだけ解釈した被検者の行動や日常生活を見て，ロールシャッハ法の変数が具体的にはどのような性格や行動に表われるのかを，実感として積み上げることが有効であると思われる。優れた文学にふれることも役立つ。

　以下に，事例をまとめた報告書を例示する。本事例のロールシャッハ法施行の理由は，「処遇方針の策定」であるので，治療にとって肯定的な所見，治療のターゲットを中心にまとめてある。

　クラスター分析の「メモ」から，この「まとめ」に至るには，距離があるような気もするが，クラスター分析の所見の重複を削り，類縁のものをまとめ，構造データを裏打ちする継列データ（被検者の生の表現）を入れ込んで，理解しやすい，生き生きした報告書にするよう努力をするということになろう。使う言葉の抽象度は，読み手の専門性によって変化させる必要もある。読み手が専門家であれば，抽象度の高い専門用語を使用することは，短く，端的に情報を伝達することにつながる。読み手が非専門家の場合，できるだけ具体例を入れながら，わかりやすく説明することが大切になってくる。

事例解釈のまとめ

自殺の可能性を検討し，第一に対応する必要がある。

課題達成への動機づけは高く，時間はかかるが，さまざまな情報を取り入れて，熱心に取り組むことができる。新しい情報にも開かれていて，態度は柔軟である。また，現実検討力にも，大きな問題はなく，常識的な振る舞いもできる。自己統制力とストレス耐性も年齢相応に備わっている。これらは，治療を行なううえで，肯定的な所見である。

ただし，考え方は悲観的で，疑いや失望を感じやすく，抑うつ的になりやすい。少し頑張りすぎで，目標を高く設定しすぎである傾向が，失敗感や欲求不満感を強める要因の一つとなっている。また，やや非論理的で，判断の誤りが多い。漠然とした，場当たり的な理由づけや判断をして，自分も人も混乱させる傾向がある。これは，明確に考える訓練が不十分であることに加え，問題解決のスタイルが確立していないことから生じているが，欲求不満感と状況的なストレスによって，雑念が生じており，注意集中が困難で考えがまとまらないことも，さらに判断を悪化させている。目標を細分化して，達成感を得られるものにすること，および明確に考え，判断する教育を行なって，判断力を改善し，同時に考えて問題解決するスタイルを確立することは，適応をおおいに改善することが見込まれる。これらは治療のターゲットとなる。

統制力が備わっているので，外から見る限り，そうは見えない可能性が高いが，自殺の可能性を検討する必要があることからも示されているように，内的には苦痛感，抑うつ感を体験している。この苦痛感は，満たされない依存欲求と自立への欲求に関係する，自己への不満足感と自己損傷感によるものである可能性が高い。また，そうした欲求不満は，自己イメージと対人関係における矛盾や葛藤とも関係している。

すなわち，被検者には，「手とすねを合わせ」「キス」し，身体的に接触したい，「巣を作りたい」という対人欲求があるが，親密な関係を安心してくつろげるものとしては体験されていない。人に対する警戒心や不信感が強く，自分

を傷つけられやすいと感じていて，いつも身構え，用心している。自分の考えや気持ちを気さくに人に明かしていくようなことはしないし，人との距離を慎重にとろうとする。人との距離を保ちながら，「食べ物ちょうだいって，上半身上げてせがんで，喜んで飛びつこうとする」ことは，矛盾と葛藤を生じさせるし，甘えたい，保護されたいという欲求充足には困難が予想される。

　同時に，自分が何者であるのかはまだはっきりしておらず，「岩みたいな山を登るクマ」「うねるリュウ」「勇者の剣（を持つ人）」という力強く，頑張る存在である一方，分離独立できない「顔が二つで，体が一つの変異したワニ」「カエルのお化け」というできそこない，あるいは「削れちゃって（穴が空いている）」「足が削れちゃって（うまく登れない）」あるいは「死んだように倒れている」という無力で，傷つけられた自己イメージを抱いている。「親グマを踏み台にして登ろうとしているクマ」「急いでいて，衝突しそう」な，他を犠牲にし，あるいは衝突を生じさせている自分を意識してもいる。

　彼女には，甘えを満たしてくれず，自分を傷つける周囲への怒りや恨みの感情が強くある。この怒りも彼女の判断を曇らせる一因となっている。彼女は，この怒りを，やや子どもっぽく，自己中心的に，激しく表現するであろう。周囲から見ると，彼女の感情表現は，激しすぎ，表面的で浅いと見られがちである。「盗もうとする人がいるから，寄らないように勇者の剣を守っている」炎であるかもしれないが，怒りの激しい感情表現は，人を遠ざけ，適応を妨げている。

　被検者には，満たされない依存欲求が強くあり，傷つき感があるので，支持的な働きかけによって治療関係を形成することが期待できる。また，自己を内省する構えがあり，そのことは自己イメージを再考しやすくさせるので，治療関係を通じて，自己イメージを明確にしていくことに焦点をあてるとよい。また，感情表現をより穏やかなものにする働きかけは，適応を改善させる期待がもてる。

2．結果を被検者に返す
——フィードバックの仕方と活用方法

　既述のように（第2章），筆者がロールシャッハ法を実施する際には，実施前に「自分の性格についてどのようなことを知りたいか」をあらかじめ本人に尋ね，それに沿って結果を返すことを前提にロールシャッハ法を実施している。筆者の主たるフィールドであった非行臨床の現場では，①対象者に重大な精神障害は認められないことが多いこと，②思春期の対象者は，自分の性格についての情報に対する関心が強く，またそうした情報は，自己形成および他者や社会とのかかわり方を模索していくうえで有効であること，③検査者は，その対象者に関して実質的責任を負っていて，直接結果を返すことが容易であることなどの理由から，検査実施後にフィードバック・セッションを設けることが，有意義であった。対象者の特質や臨床現場の特徴によって，フィードバックの仕方や有効性については，いくぶん異なる点があると思われるので，各自の臨床現場に即したやり方を工夫してほしいが，ここでは，筆者のやり方や留意点を参考までに記す。

　フィードバック・セッションで大切なことは，何より「被検者にわかりやすい言葉で伝える」ことと，相手とのやり取りを多くすることであると考えている。一方的に話されても「わからない」のが普通であり，少し説明して，質問や反応を聞き，またそれに沿って説明するという過程が有益である。前節に記載したような「解釈文」を人づてに渡して終わり（たとえば，精神科において担当医から渡してもらうなど）といったやり方は適切ではないと考えている。相手の反応を見ながら，平易な言葉で，十分に説明することが望ましい。

　より具体的には，構造一覧表を示しながら，「良い点，褒める点」を三，四点初めに述べ，ついで「改善すべき点，こうするともっと良くなる点」を二，三点述べるようにしている。あらかじめ「説明文」を完成させて持って行って，

それを被検者にそのまま示すというのでは決してない。

　構造一覧表は、被検者が見ても意味不明であるが、とにかく何やら数字や記号が書いてあり、それを示しながら説明すると、「客観的な根拠がある」という雰囲気をかもし出すのに有効であるような気がする。気のせいかもしれないが。実際、あらかじめ解釈文を作って持っていくわけではないので、構造一覧表がないと何も言えないということも大きい。構造一覧表のデータを示しながら説明することは、健康診断の結果を、たとえば血圧とか、血液検査の結果とか、そういったデータを示しながら、現在の身体の健康状態と今後の健康維持あるいは回復のための方法を話し合うという雰囲気と似た印象を与え、治療に向けての協働関係作りに有効であるという気がする。あるいは、これも気のせいかもしれないが。

　たとえば、事例であれば、「頑張り屋、努力家であること。考え方も態度も柔軟で、新しいことにも進んで取り組んでいけること。それをやっていけるだけの力があること。場面に応じた振る舞いや常識をわきまえた振る舞いができること」などを気前よく褒める。

　しかし、外から見ると「しっかり」しているのに、「心のなかではなぜか心が痛んでいること、もしかすると死んでしまいたいとさえ思っているかもしれないこと」が、検査結果には示されていることを伝え、自分ではどう思うかをたずねる。ここでは、被検者に対する気遣いと、「検査ではこう示されているけどどう？」という本人の見方を入れる余地を作ることが大切である。この作業は、同時に、「本人がどう思うか」を検査者もフィードバックを受けることができるので、ある一つの反応の奥に潜んでいた本人の連想や記憶、体験を聞くこと、あるいは実生活場面における検査データの表われ方などについての理解を深めることができ、アセスメントの腕を磨くうえでも非常に有益である。このように問いかけることにより、被検者との関係が深まり、一段と深い、有効な情報を、本人から得られるようになる経験を筆者はしてきている。本人以上に本人について「知って」いる人はおらず、しかし専門家は、そうした情報を的確に理解し、位置づけることにおいて有益な視点や支援を提供できる可能

性がある。フィードバック・セッションは，そうした協働関係を深めるのに有効である。

「心の痛み」と「自殺念慮」に関する本人の反応を聞きながら，依存愛情関係をめぐる葛藤と自己の傷つき感，自分が何者であるのかがまだはっきりしないこと，などに関する解釈仮説を伝えていき，またそれに対する反応を得ていく。そうすると，解釈はより確かなものになっていく可能性が高い。そうした解釈仮説を協働作業として作っていったうえで，最後に，「しっかり考える訓練をすること」「感情表現を穏やかにすること」，その二つは本人の適応をかなり改善する可能性があること，本人には良い点，利用できる良い資質がたくさんあるので，それを活用して成長することへの期待を伝えると，本人にとっても，成長への方向づけをなす形で解釈仮説が，深く入り，活用可能なフィードバックになる可能性が高くなる。フィードバックの行ない方については，藤岡（2001）[5]も参照されたい。

3．治療計画の策定と治療の効果評価にロールシャッハ法を活用する

構造一覧表を見て，どのようにスコアや比率を動かせば，被検者の適応が改善するか，そしてそのスコアを変化させるにはどのような方法を使うのが有効で，どのくらいの時間や労力がかかるかということを考慮し，治療計画を策定するのに有益な情報を得るということが包括システムの解釈においては行なわれる。

事例であれば，自殺指標や抑うつ指標に該当することに関係して，VとMORをなくす（あるいは減らす）ことが，まず治療の目標として頭に浮かぶ。Vが標準データで期待される0になり，MORが同じく標準データで期待される1になれば，それだけでも自殺指標と抑うつ指標には該当しなくなる。まず，支持的なアプローチをとることが，本人の苦痛感を低減させ，適応を改善させる可能性が高いので，治療への動機づけを強めることにも有効である

と期待できる。そのうえで、思考を改善させるべく認知的アプローチをとり、Mをもう2,3個増やし、同時にFC：CF＋C＝0：3をせめて2：1くらいにもってくる。あるいは感情表現の調整が改善され、心の痛みが低減されると、有彩色反応自体ももう少し増える可能性がある。そうすると、EAが少し上がって、体験型が内向型で安定する。このことは、ひるがえって思考の誤りを少なくさせることにも寄与するであろう。一般に、思考の誤りは変化しにくいとされるが、この被検者は情報入力と、媒介過程が比較的肯定的な所見を示しているので、きちんと情報を伝えれば、媒介過程までは歪めることなくきちんと伝わることが期待できるのは朗報である。できれば、Sを減らし、Tを1にしたいが、S（怒り）を減らすのはなかなか難しいとされる。

　Tに関しては、エクスナー博士は、子どもであれば、たとえば里親家庭に移されて適切に抱きしめられて養育されれば、半年ほどでT＝0がT＝1になるとワークショップで説明していたが、より年長な者や日本においても同様の結果が期待できるかどうかは不明である。同じく、ワークショップにおける伝聞による情報であるが、たとえばZd＜－2.5といった情報入力時の不注意さも、比較的容易に改善できるとのことである。子どもであれば、たとえば『ウォーリーを探せ』といった絵本を使って練習するとよい。逆に、鏡映反応ありは変化しにくいとされる。どのような変数が、どのような働きかけによって、どのくらいの期間で変化するのか（あるいはしないのか）というデータの集積が重要である。

　このデータの蓄積に関して、包括システムは、信頼性・妥当性に留意し、かつ再検査を前提に施行するので、治療前と治療後にロールシャッハ法を施行して、その変化を比較できることが強みである。すなわち、治療効果の測定に活用できる。個別の事例の治療効果測定に活用できると同時に、どの治療方法を使うと、どのくらいの期間で、どのような変数がどのように変化したか（あるいはしなかったか）といったことも評価することが可能になり、そうしたデータは、ひるがえって、ロールシャッハ法の構造データを治療計画の策定に活用することにつながるわけである。

日本においても，日本人の標準データをさらに集積するとともに，臨床群ごとの人格特徴，あるいは治療効果の評価等に，包括システムのデータを集積し，実証的研究を行なっていくことが必要である。

　この項に関しては藤岡（1997）[6]も参照にされたい。

　ここまで読み終えたとしても，ロールシャッハ法の施行とスコアリング，解釈にはまだまだ自信はもてないのではないかと思う。あとは「好きこそものの上手なれ」。楽しみながら経験を積んでいこう。

文　献（各出版年の新しい順）

I．包括システム

〈書籍〉
1) 高橋雅春・高橋依子・西尾博行（2002）：ロールシャッハ形態水準表──包括システムのわが国への適用．金剛出版．
2) 高橋雅春・高橋依子・西尾博行（1998）：包括システムによるロールシャッハ解釈入門．金剛出版．
3) 藤岡淳子・中村紀子・佐藤豊・木村尚代（1995）：エクスナー法によるロールシャッハ解釈の実際．金剛出版．
4) 高橋雅春・西尾博行（1994）：包括システムによるロールシャッハ・テスト入門　基礎編．サイエンス社．

〈雑誌〉
5) 藤岡淳子（2001）：「しずか」さんへ．臨床心理学，1巻3号，368-374頁．
6) 藤岡淳子（1997）：ロールシャッハ・テストによる行為障害のアセスメントと処遇計画の策定．思春期青年期精神医学，7巻1号，13-20頁．

〈翻訳書〉
7) 中村紀子・西尾博行・津川律子訳（2003）：ロールシャッハ・テストワークブック第5版．金剛出版．Exner, J. E. (2001)：*A Rorschach workbook for the comprehensive system* (5th ed). Rorschach Workshops.
8) 中村紀子・野田昌道監訳（2002）：ロールシャッハの解釈．金剛出版．Exner, J. E. (2000)：*A primer for Rorschach interpretation.* North Carolina : Rorschach Workshops.
9) 中村紀子・津川律子・店網栄美子・丸山香訳（1999）：ロールシャッハ形態水準ポケットガイド第2版．エクスナー・ジャパン・アソシエイツ．Exner, J. E. (1995)：*Rorschach form quality pocket guide.* (2nd ed.). North Carolina : Rorschach Workshops.
10) 藤岡淳子・中村紀子・佐藤豊・寺村堅志訳（1994）：ロールシャッハ解釈の基礎──エクスナー法．岩崎学術出版社．Exner, J. E. (1993)：*The Rorschach: A comprehensive system* : Vol.1 (3rd ed.). New York : Wiley.
11) 高橋雅春・高橋依子・田中富士夫監訳（1991）：現代ロールシャッハ・テスト体系（上）．金剛出版．Exner, J. E. (1986)：*The Rorschach: A comprehensive system* : Vol.1 (2nd ed.). New York : Wiley.
12) 秋谷たつ子・空井健三・小川俊樹監訳（1991）：現代ロールシャッハ・テスト体系（下）．金剛出版．Exner, J. E. (1986)：*The Rorschach: A comprehensive system* :

Vol.1 (2nd ed.). New York : Wiley.

〈欧文〉

13) Exner, J. E. (2000): *A primer for Rorschach interpretation*. Rorschach Workshops.
14) Exner, J. E. (1997): *The Rorschach: A comprehensive system* : Vol.1 (4th ed.). New York : Wiley.
15) Exner, J. E. (1993): *The Rorschach: A comprehensive system* : Vol.1 (3rd ed.). New York : Wiley.
16) Exner, J. E. (1991): *The Rorschach: A comprehensive system* : Vol.2 (2nd ed.). New York : Wiley.
17) Exner, J. E.(1974):*The Rorshach: A comprehensive system* : Vol.1. New York : Wiley.
18) Exner, J. E. (1969): *The Rorschach systems*. Grune & Stratton.
19) Exner, J.E. & Weiner, I.(1995):*The Rorschach : A comprehensive system* : Vol.3 (2nd ed.). New York : Wiley.
20) Gacono, C. & Meloy, R. (1994) : *The Rorschach assessment of aggressive and psychopathic personalities*. LEA.

II. 包括システム以外

〈書籍〉

21) 馬場禮子編著（1997）：改訂　境界例——ロールシャッハテストと心理療法．岩崎学術出版社．
22) 神田橋條治（1994）：精神科診断面接のコツ　追補．岩崎学術出版社．
23) 片口安史（1987）：新・心理診断法——ロールシャッハ・テストの解説と研究　改訂．金子書房．
24) 辻悟・河合隼雄・藤岡喜愛・氏原寛編著（1987）：これからのロールシャッハ——臨床実践の歴史と展望．創元社．

〈翻訳書〉

25) 溝口純二・菊池道子監訳（2002）：ロールシャッハ法と精神分析的視点（上・下）．金剛出版．Lerner, P. M. (1998) : *Psychoanalytic perspectives on the Rorschach*. Analytic Press.
26) 空井健三・上芝功博訳（2000）：ロールシャッハ・テストの体験的基礎．みすず書房．Schachtel, E. G. (1966) : *Experiential foundations of Rorschach's test*. Basic Books.
27) 片口安史訳（1976）：精神診断学——知覚診断的実験の方法と結果（偶然図形の判断）改訳版．金子書房．Rorschach, H. (1921) : *Psychodiagnostik*. Verlag Switzerland : Hans Huber.

付　　録

・スコア一覧表
・領域図

スコア一覧表

領域（Location）

W	全体反応	ブロット全体を反応に使っている
D	普通部分反応	領域図にDと指定されている部分を使った反応
Dd	特殊部分反応	WとD以外
S	空白反応	空白部分を反応に使用している（WS，DS，DdSとスコアされる）

発達水準（Developmental Quality：DQ）

+	（プラス）	統合反応	二つ以上の対象が関連づけられて見られている。そのうちの少なくとも一つは，DQoである。
o	（オー）	普通反応	形態を必要とする一つの対象が認知されている。あるいは特定の形態を必要としない対象であっても，被検者が形態を必要として，明細化して述べている。
v/+	（ヴェイグプラス）	漠然統合反応	二つ以上の対象が関連づけられて見られているが，すべてDQvである。
v	（ヴェイグ）	漠然反応	認知された対象は，特定の形態を必要としない。また，被検者は特定の形態を必要とするような明細化をしない。

決定因（Determinant）

F	形態反応	ブロットの形のみから反応を作っている
C	純粋有彩色反応	色からのみ反応を作っている
CF	有彩色形態反応	主として色から反応を作り，そこに形態も使われている
FC	形態有彩色反応	主として形から反応を作り，そこに色も使っている

C'	純粋無彩色反応	黒，白，灰色という無彩色の特徴からのみ反応を作っている
C'F	無彩色形態反応	主として黒，白，灰色という無彩色の特徴から反応を作り，そこに形態も使われている
FC'	形態無彩色反応	主として形から反応を作り，そこに黒，白，灰色という無彩色の特徴も使っている
Cn	色彩名反応	反応として，色の名前を述べるだけの反応
T	純粋材質反応	濃淡がもたらす触感によってのみ形成されている反応
TF	材質形態反応	主として濃淡がもたらす触感によって反応が形成され，そこに形態も入れられている
FT	形態材質反応	形態によって反応が作られているが，そこに濃淡による触感も入れられている
V	純粋展望反応	濃淡がもたらす，奥行きや立体感，三次元の感覚によってのみ反応が作られている
VF	展望形態反応	主として，濃淡がもたらす奥行きや立体感，三次元の感覚によって反応が作られているが，そこに形態も使われている
FV	形態展望反応	主として，形態によって反応が作られているが，濃淡による奥行きや立体感，三次元の感覚も入れられている
Y	純粋拡散反応	ブロットの濃淡のみによる，TおよびV以外の反応
YF	拡散形態反応	主として濃淡によるが，形態も使われている反応で，TF，VF以外の反応
FY	形態拡散反応	主として形態によるが，濃淡も使われていて，FT，FV以外の反応
M	人間運動反応	人間の運動反応および動物や想像上の人の人間的動き
FM	動物運動反応	動物の運動。その動物に一般的な動きであること
m	無生物運動反応	無生物の運動
FD	形態立体反応	形態のみによって，奥行きや距離感，立体感が形成される反応
(2)	ペア反応	ブロットの対称性に基づいて，二つの同じ対象が見られている反応
rF	鏡映形態反応	ブロットの対称性に基づいて，一つの対象が反対側に映っていると報告される反応。映っている対象は特定の形態を持たない
Fr	形態鏡映反応	ブロットの対称性に基づいて，一つの対象が反対側に映っていると報告される反応。映っている対象は特定の形態を必要とする

形態水準（Form Quality：FQ）

＋	詳細	o 水準の反応の形態を，より的確に詳細に説明している
o	普通	一般的に見られる反応で，形態はブロットの輪郭に適合している
u	希少	出現頻度はそれほど高くないが，形態はブロットに適合している
－	マイナス	ブロットの輪郭を無視し，逸脱し，あるいは歪めた反応

反応内容（Content）

H	人間	人間の全身像 それが歴史上実在した人物であれば，Ay を付加する。
(H)	非現実的人間	想像上か架空の人間の全身像 ピエロ，妖精，幽霊，悪魔，天使，王様等
Hd	人間の部分	人間の部分像 手，足，指，頭，顔，上半身，下半身，首のない人等
(Hd)	非現実的 人間の部分	想像上か架空の人間の部分像 魔法使いの顔，ピノキオの鼻，さまざまな種類のお面等
Hx	人間的体験	形態のない M で，人間の情緒や感覚的体験 愛，憎しみ，怒り，抑うつ，幸福，音，臭い等 形態のある M では，「二人の人が深く愛し合っていて，熱いまなざしで見つめ合っている」等 多くは特殊スコアの AB がコードされる
A	動物	動物の全身像
(A)	非現実的動物	想像上か架空の動物の全身像
Ad	動物の部分	動物の部分像，動物の毛皮
(Ad)	非現実的動物の部分	想像上か架空の動物の部分像
An	解剖	骨，筋肉，内臓等
Art	芸術	芸術的作品，絵，イラスト，彫像，宝石，紋章，装飾品等
Ay	人類学	特殊な文化的，歴史的意味をもつもの トーテムポール，タイの寺院，ナポレオンの帽子，縄文土器等

Bl	血	血
Bt	植物	花，草，木といった植物，または葉，茎等植物の部分
Cg	衣服	帽子，靴，スカート，ズボン，ネクタイ，コート等の衣服
Cl	雲	雲
Ex	爆発	爆発，花火等
Fi	火	火または煙
Fd	食物	食べ物，アイスクリーム，野菜，フライドチキン等
Ge	地図	地図
Hh	家財	家具，家財，家庭用品，ベッド，いす，コップ，ナイフ等
Ls	地景・海景	山，岩，丘，洞窟，島等地面を含む光景，あるいは珊瑚礁といった海景
Na	自然	BtやLs以外の自然，太陽，海，霧，氷，嵐，虹，竜巻等
Sc	科学	科学製品，顕微鏡，ロケット，飛行機，船，車，テレビ等
Sx	性	性器および性的活動，ペニス，女性器，乳房，性交，堕胎等
		普通は付加コードとして，H，Hd，Anにつけられる
Xy	エックス線	エックス線写真
		骨や臓器が含まれても，XyをつけたらAnはつけない
Id	その他	その他

特殊スコア

DV	(Deviant Verbalization：ディー・ブイ：逸脱した言葉遣い)
	不適切な単語，造語，二重表現
DR	(Deviant Response：ディー・アール：逸脱した反応)
	不適切な言い回し，無関係な言い分，的外れでだらだらした表現
INC	インコム
	ブロットの部分やイメージが不適切に混ざり合って，一つの反応へと圧縮されている反応

FAB		ファブコム
		ブロットに見られた二つ以上の対象が，現実にはありえない関係を持っている反応
		現実には見えるはずのないものが透けて見える反応
CON		コンタム
		二つ以上の像を，現実を明らかに無視したやり方で，一つの反応に融合している反応
ALOG		自閉的論理　エイログ
		反応を正当化するために，自由反応段階から，自発的に，無理な理由づけを用いた場合
PSV		固執反応：パーシバレーション
	ⅰ）	同一図版内固執　同じスコアの反応が続く場合（Pと特殊スコアは除く）
	ⅱ）	図版を越えた固執　以前に見たのと同じものをまた見る
	ⅲ）	機械的固執
MOR		モービッド　損傷反応
		対象が損傷を受けている場合
		陰気で憂うつな性質が明白に付与されている場合
COP		コップ　協力運動反応　明らかに協力的または肯定的運動反応
AG		エージー　攻撃運動反応　明らかに攻撃的な運動反応
PER		（パーソナル：個人的反応）
		反応を正当化するための根拠の一つとして，個人的な知識や経験を持ち出した場合
AB		（アブストラクト：抽象的内容）
		反応内容にHx（人間的経験）がコードされた場合
		明確に象徴的な表象を述べた場合
CP		（カラー・プロジェクション：色彩投影反応）
		ブロットの無彩色の領域にはっきりと有彩色を認め，口にした場合
GHR		（良質人間表象）
PHR		（劣質人間表象）

領 域 図

(本書では，DとDdとを別々に，かつ番号順に記載してあるのが特徴である)

I図　ZW=1.0　ZA=4.0　ZD=6.0　ZS=3.5
P：（エクスナー）Wコウモリ，チョウ：（高橋ら）コウモリ，動物の顔

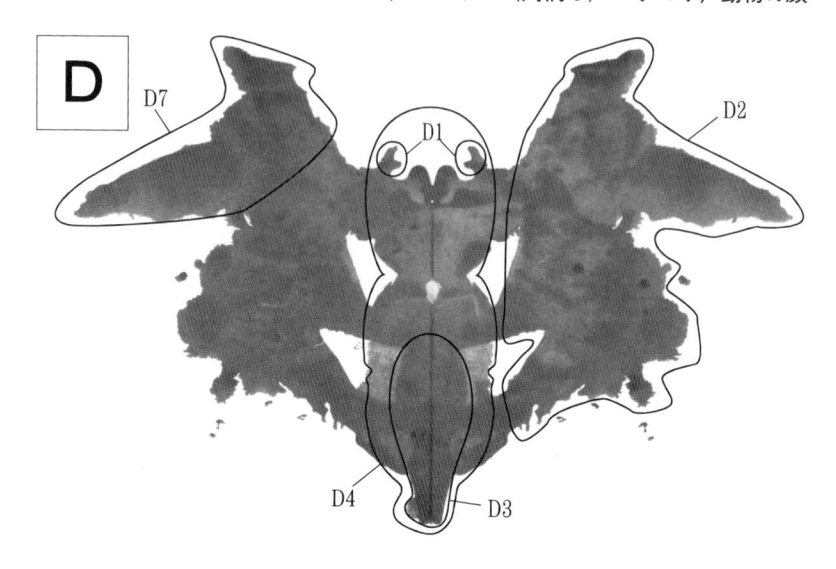

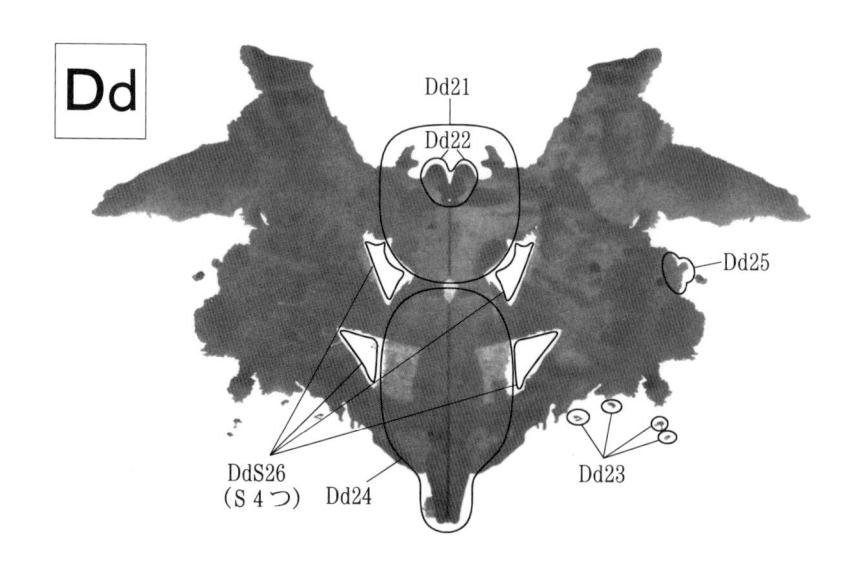

付　録　189

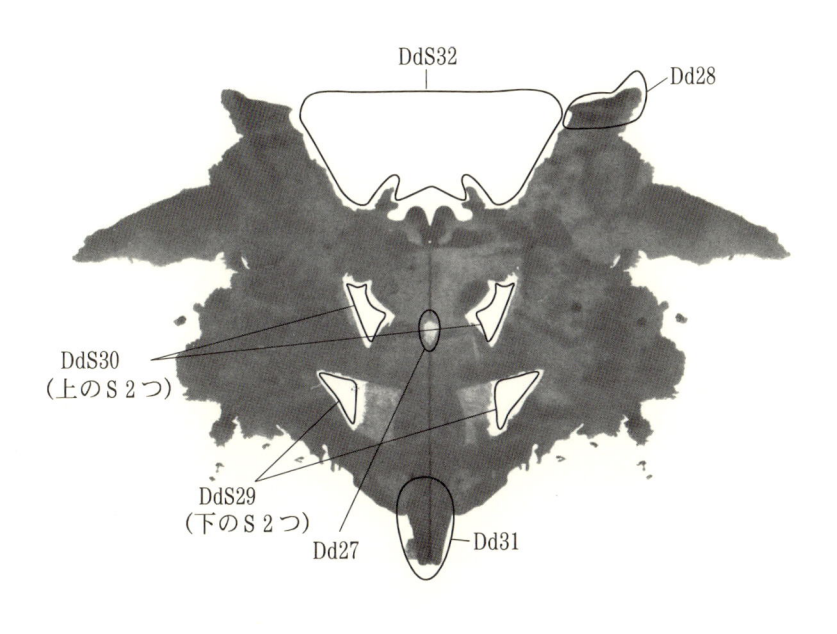

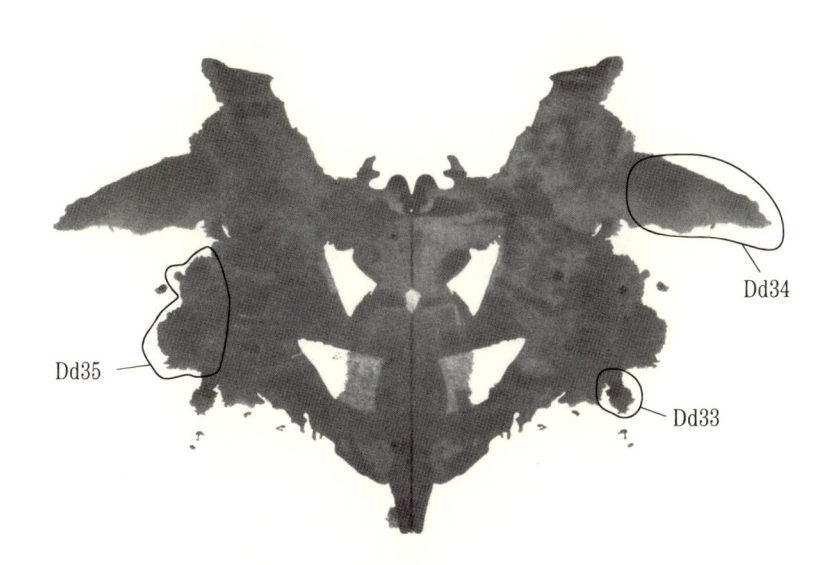

II 図　ZW=4.5　ZA=3.0　ZD=5.5　ZS=4.5
P：（エクスナー）D1 熊，犬，象，小羊：（高橋ら）W 人間2人，D1 動物

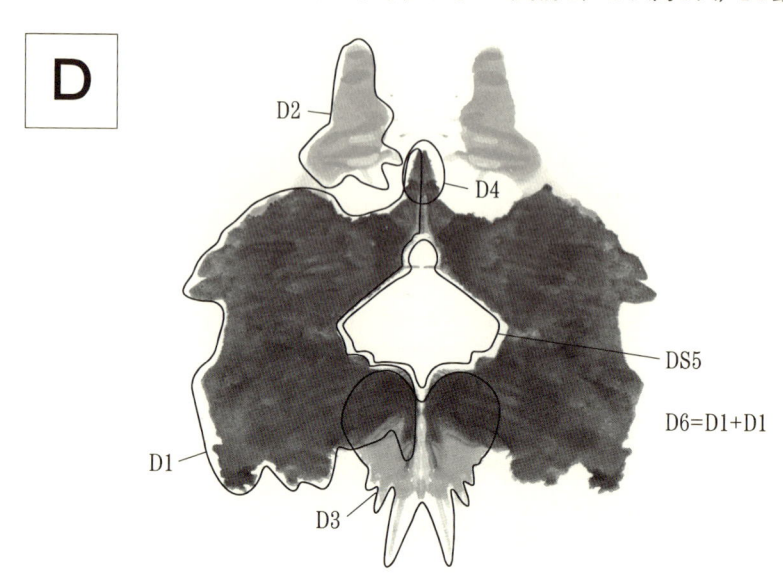

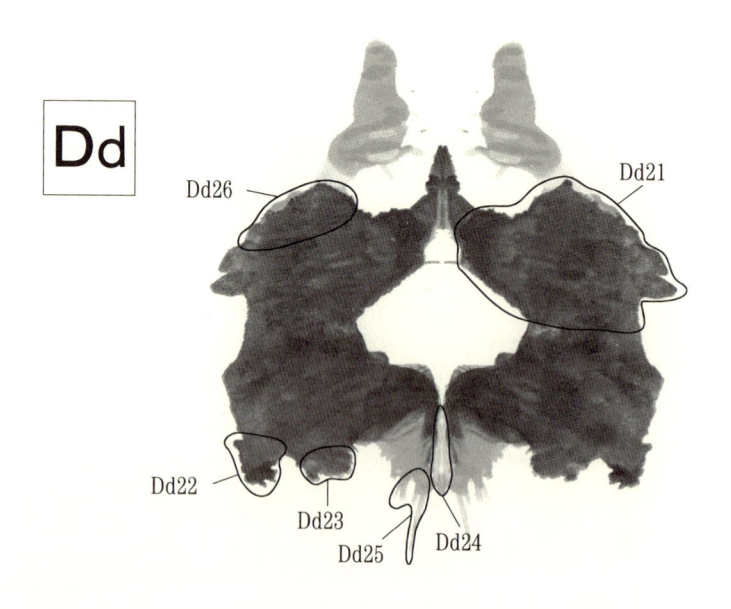

D

D2
D4
DS5
D6=D1+D1
D1
D3

Dd

Dd26
Dd21
Dd22
Dd23
Dd25
Dd24

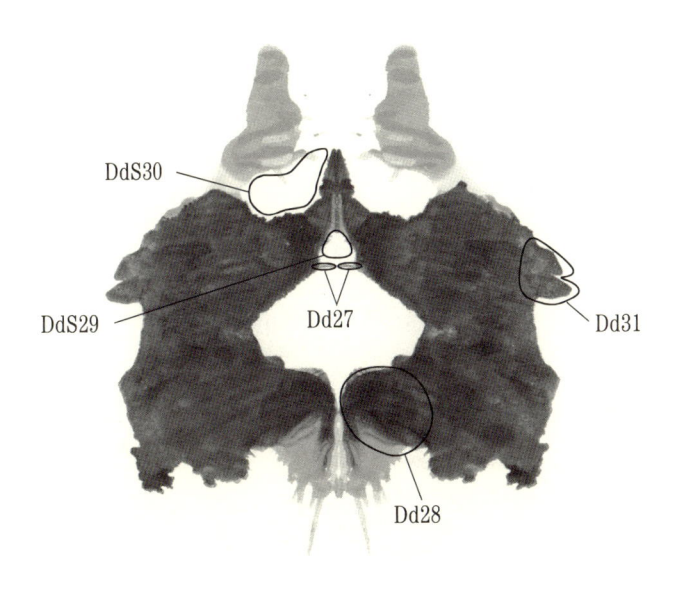

Ⅲ図　ZW＝5.5　ZA＝3.0　ZD＝4.0　ZS＝4.5
　　　P：（エクスナー）D1, D9 人間：（高橋ら）D1, D9 人間

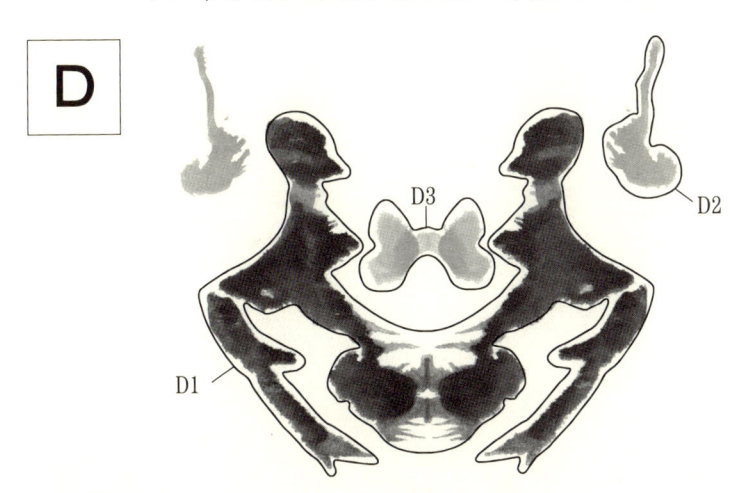

付　録　191

Dd

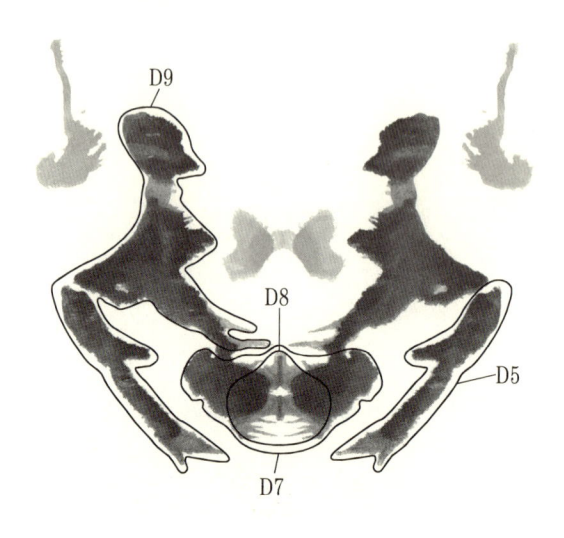

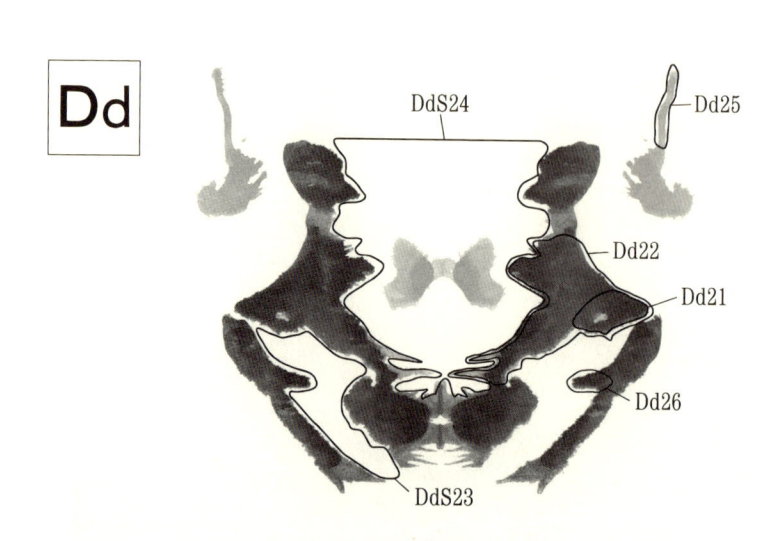

付　録　193

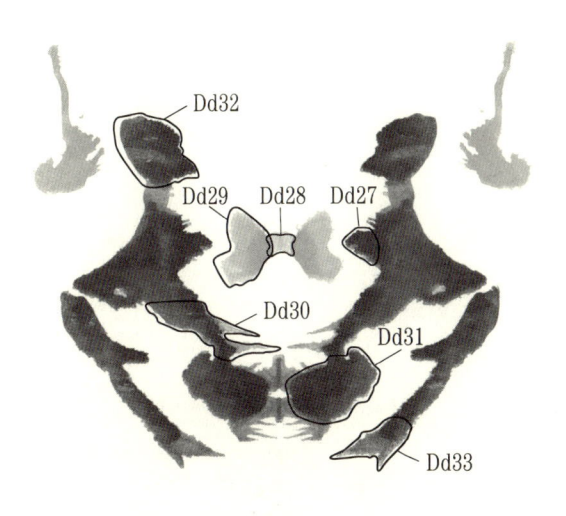

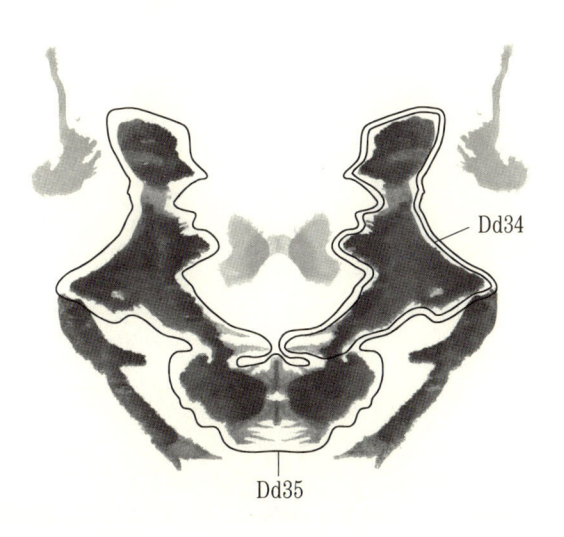

Ⅳ図　ZW＝2.0　ZA＝4.0　ZD＝3.5　ZS＝5.0
P：（エクスナー）W，D7人間，人間様の姿：（高橋ら）W，D7人間，人間様の姿

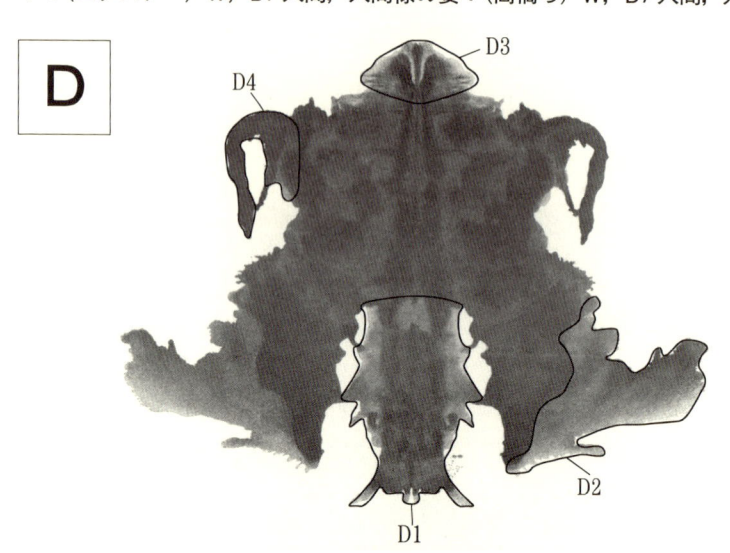

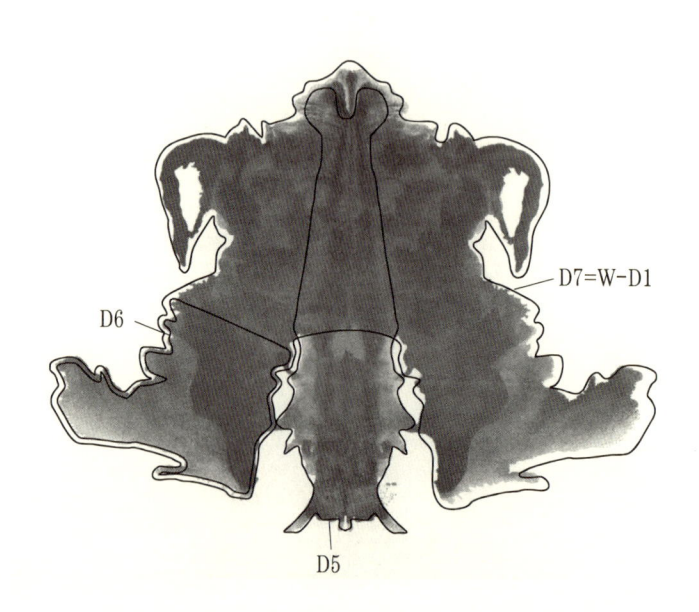

D

D3
D4
D2
D1

D7＝W－D1
D6
D5

Dd

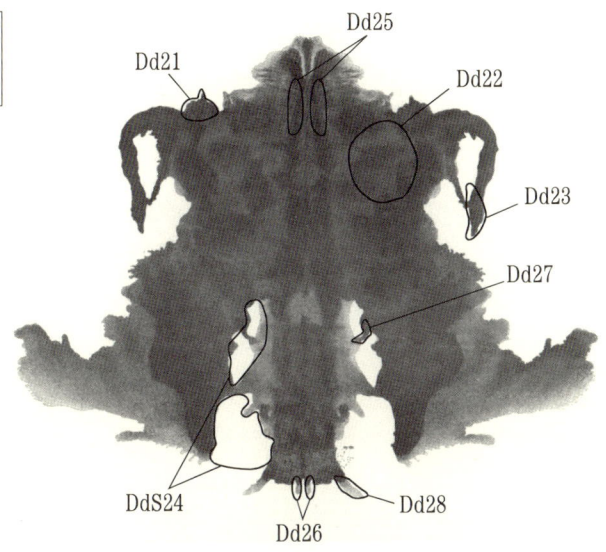

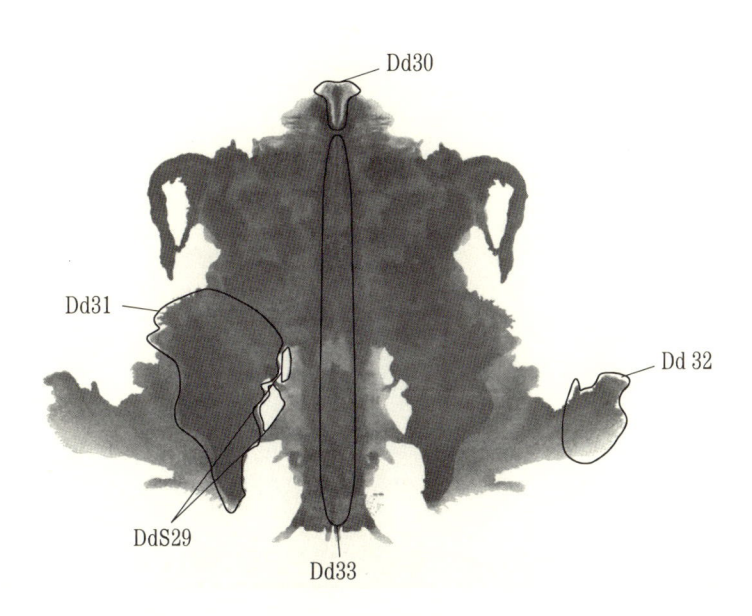

Ⅴ図　ZW=1.0　ZA=2.5　ZD=5.0　ZS=4.0
P：(エクスナー) W コウモリ，チョウ：(高橋ら) W コウモリ，チョウ

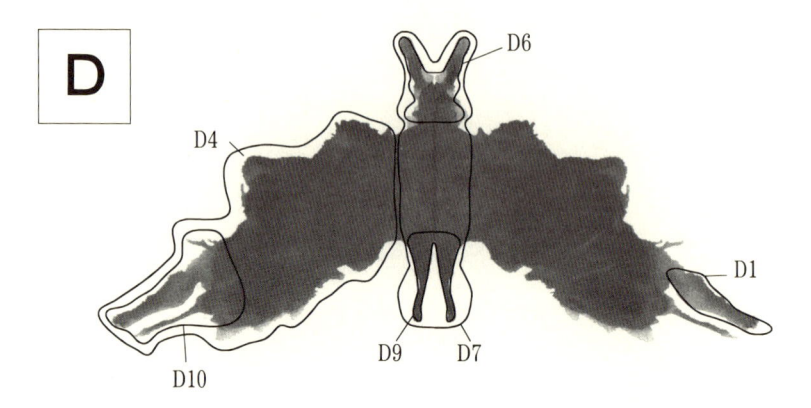

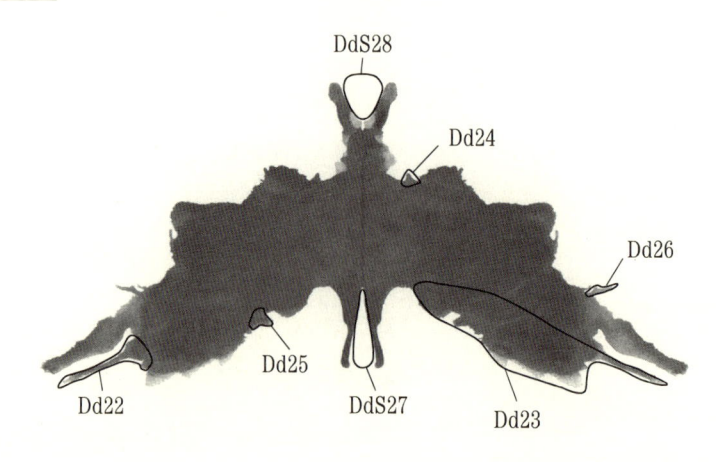

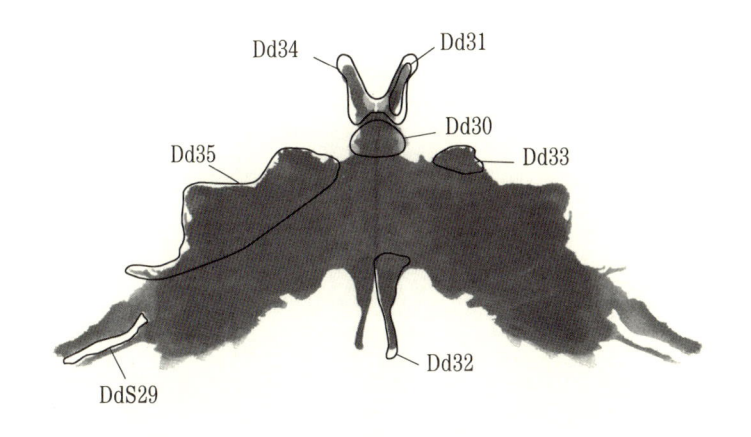

Ⅵ図　ZW＝2.5　ZA＝2.5　ZD＝6.0　ZS＝6.5
P：（エクスナー）WかD1毛皮：（高橋ら）WかD1毛皮，W楽器

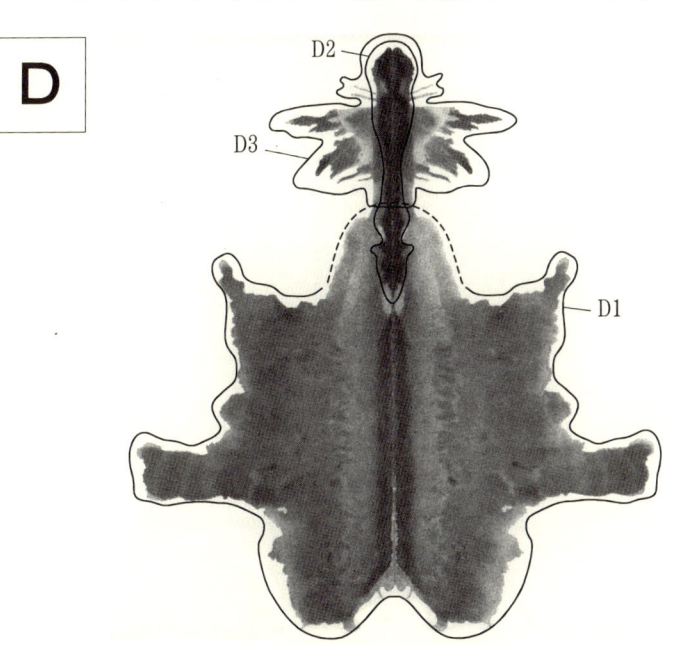

D

付　録　197

198

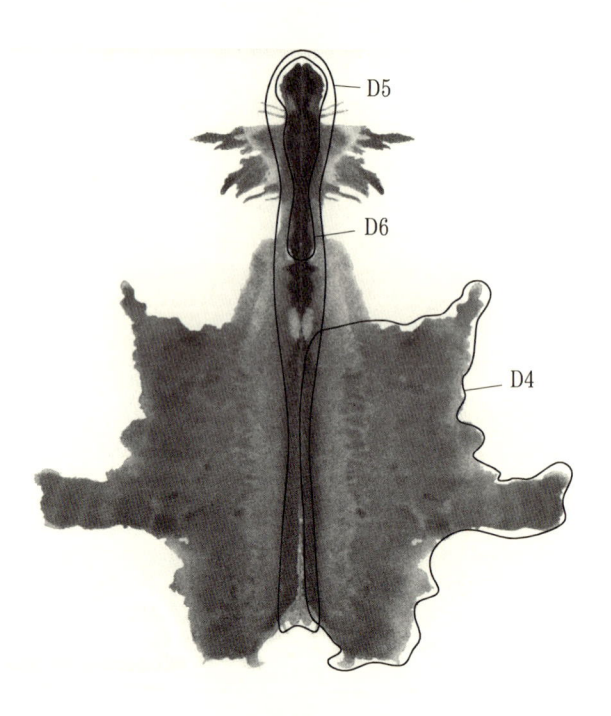

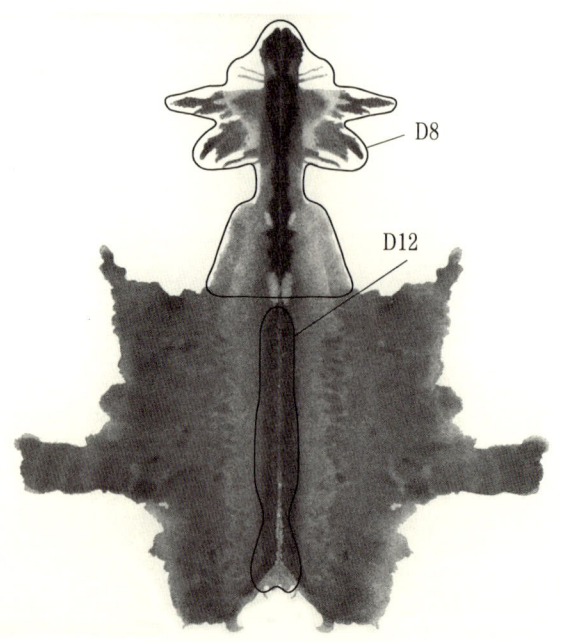

付　録　199

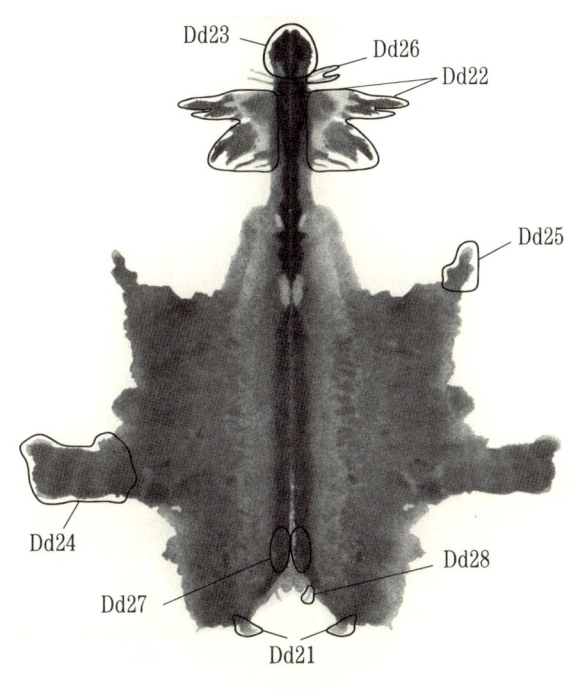

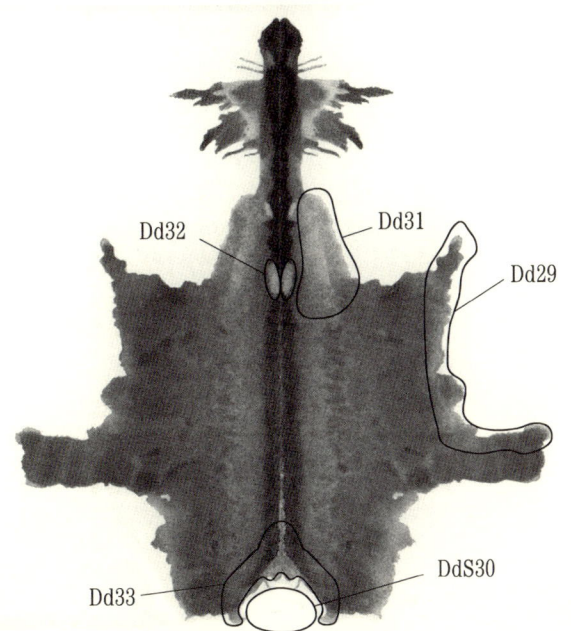

Ⅶ図　ZW=2.5　ZA=1.0　ZD=3.0　ZS=4.0
P：(エクスナー) D1, D2, Dd22 人間：(高橋ら) W 人間 2 人

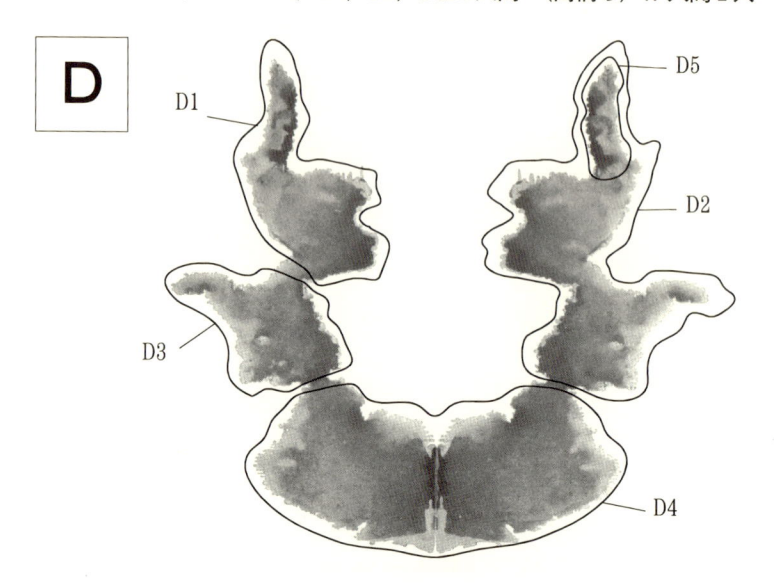

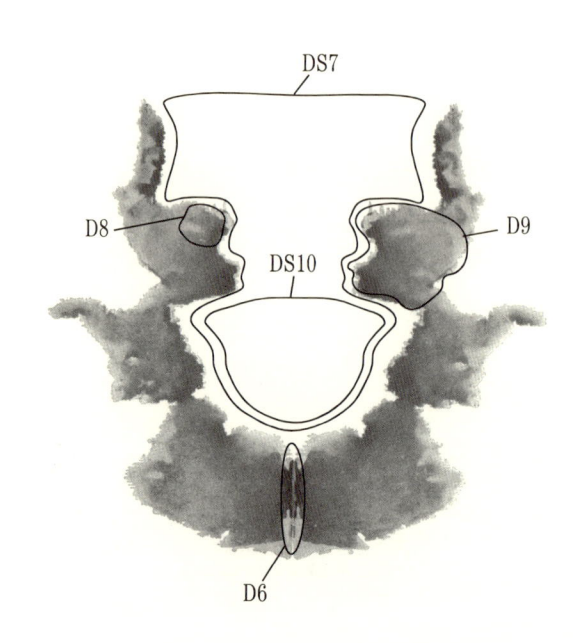

付録 201

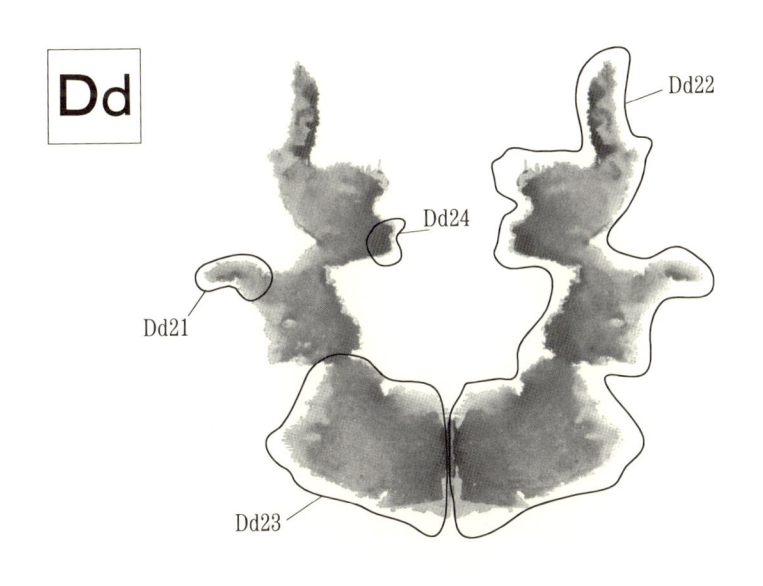

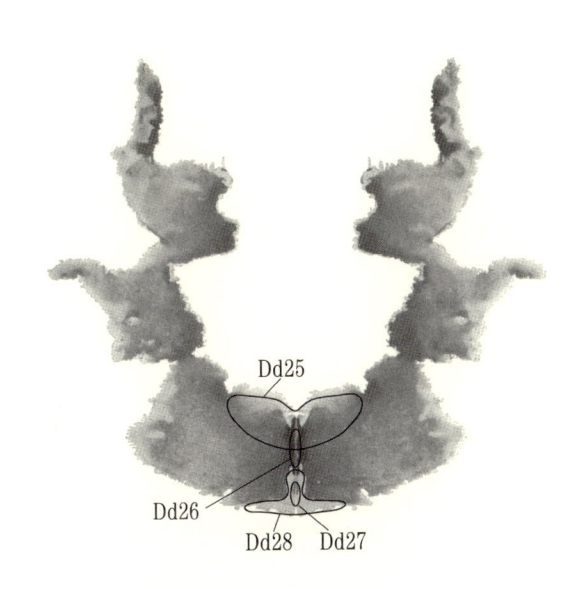

Ⅷ図　ZW＝4.5　ZA＝3.0　ZD＝3.0　ZS＝4.0
P：(エクスナー) D1 動物：(高橋ら) D1 四足動物

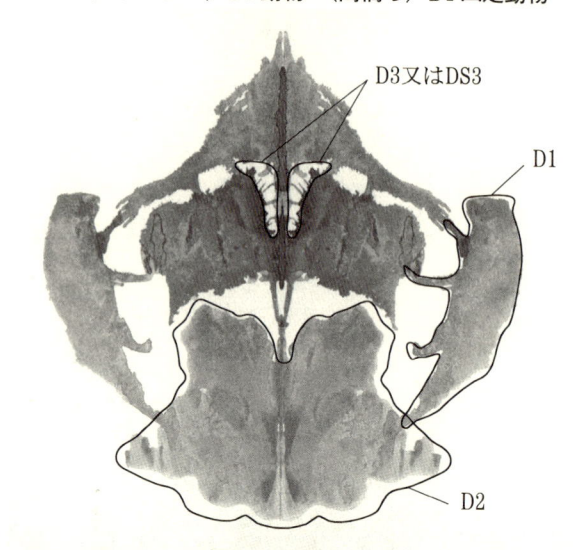

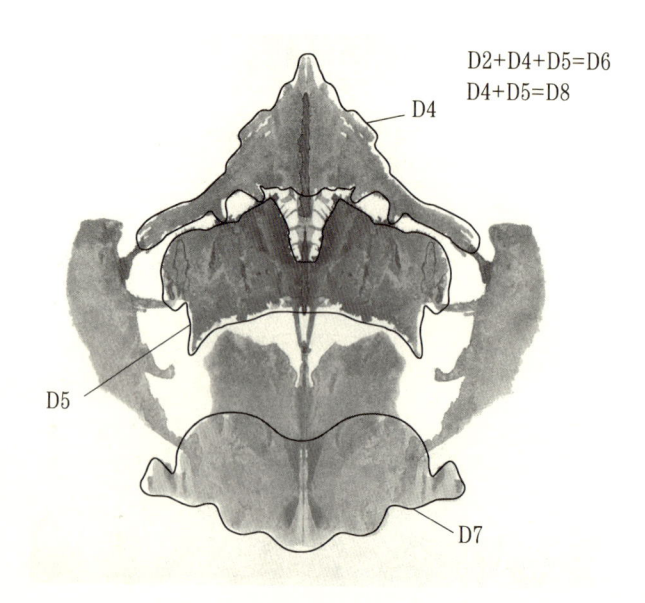

D

D3又はDS3

D1

D2

D2+D4+D5=D6
D4+D5=D8

D4

D5

D7

付　録　203

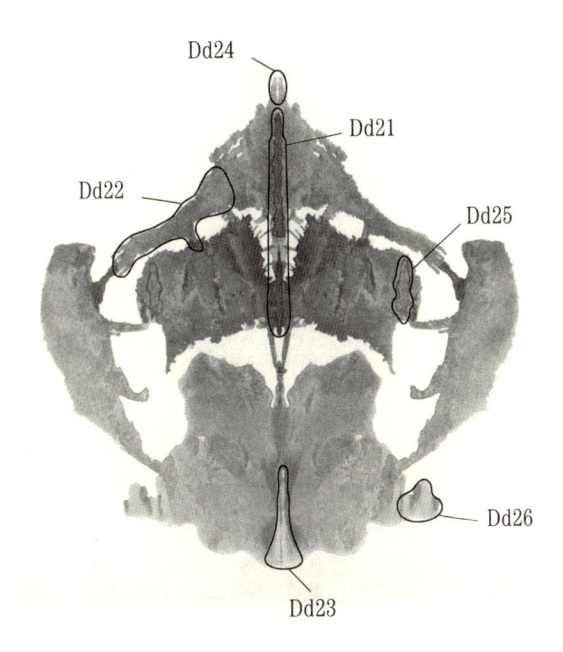

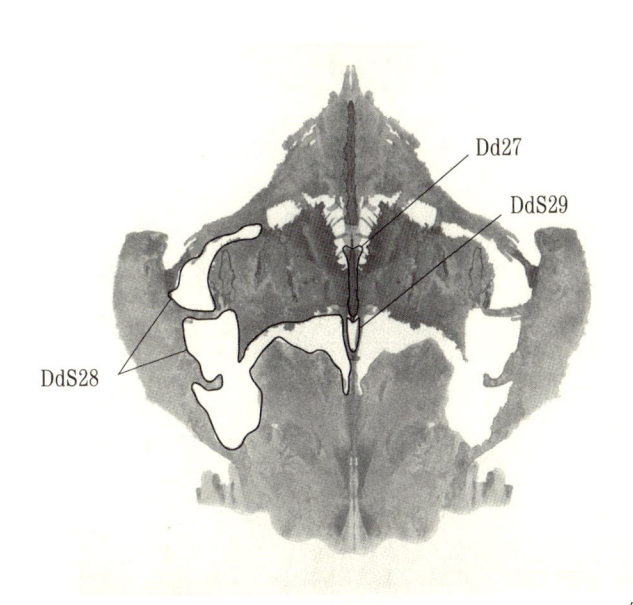

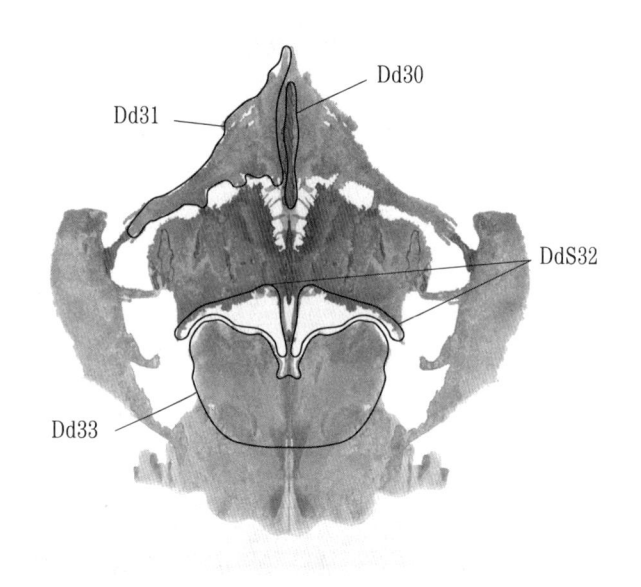

Ⅸ図　ZW＝5.5　ZA＝2.5　ZD＝4.5　ZS＝5.0
P：（エクスナー）D3 人間，人間様の姿：（高橋ら）なし

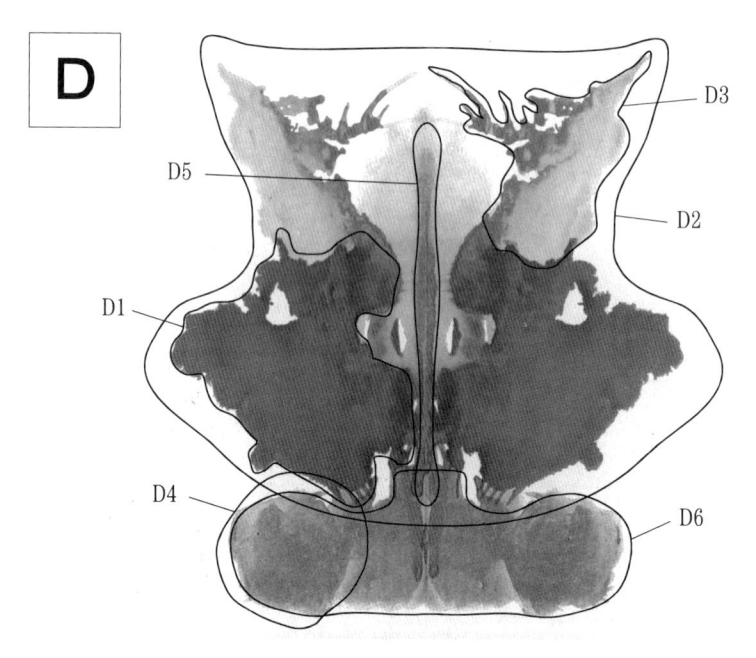

付　録　205

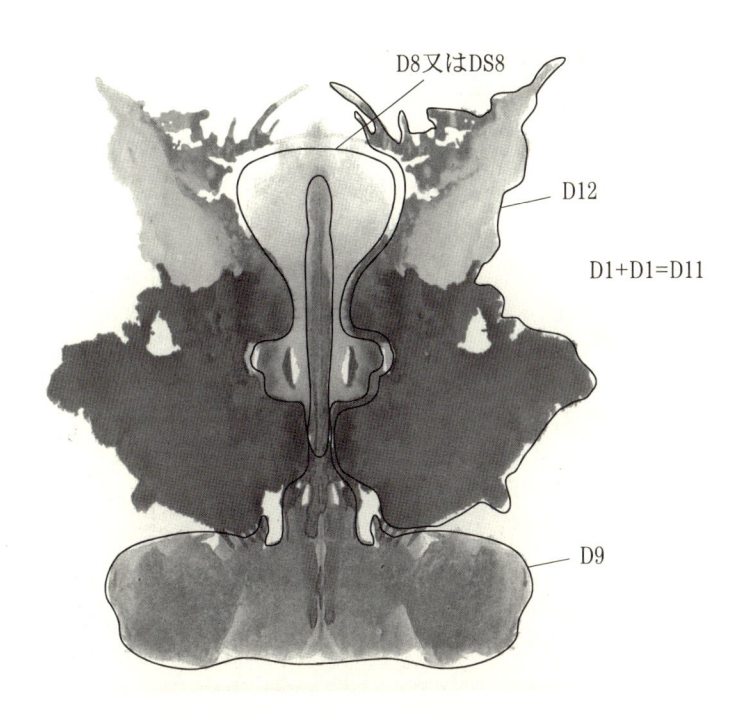

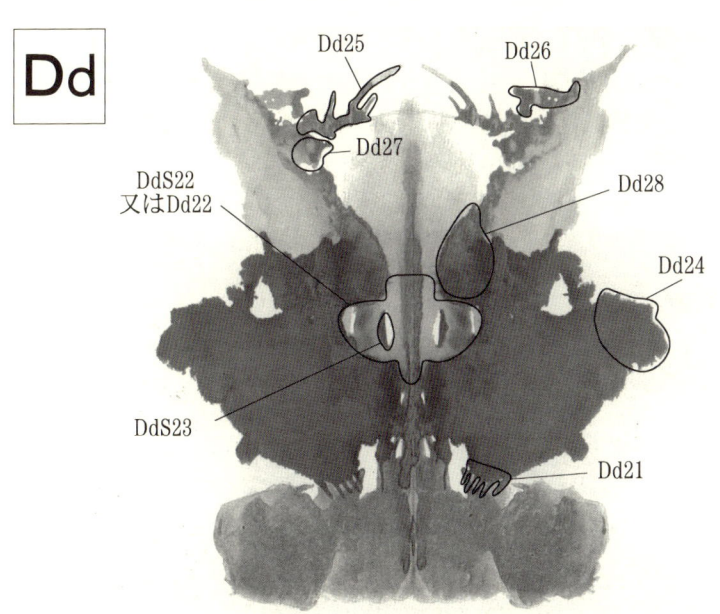

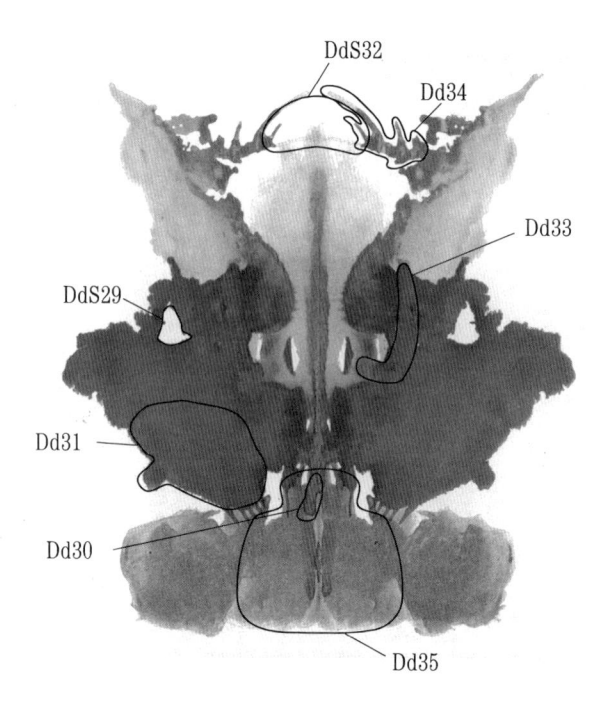

X 図　ZW＝5.5　ZA＝4.0　ZD＝4.5　ZS＝6.0
P：(エクスナー) D1 くも，カニ：(高橋ら) なし

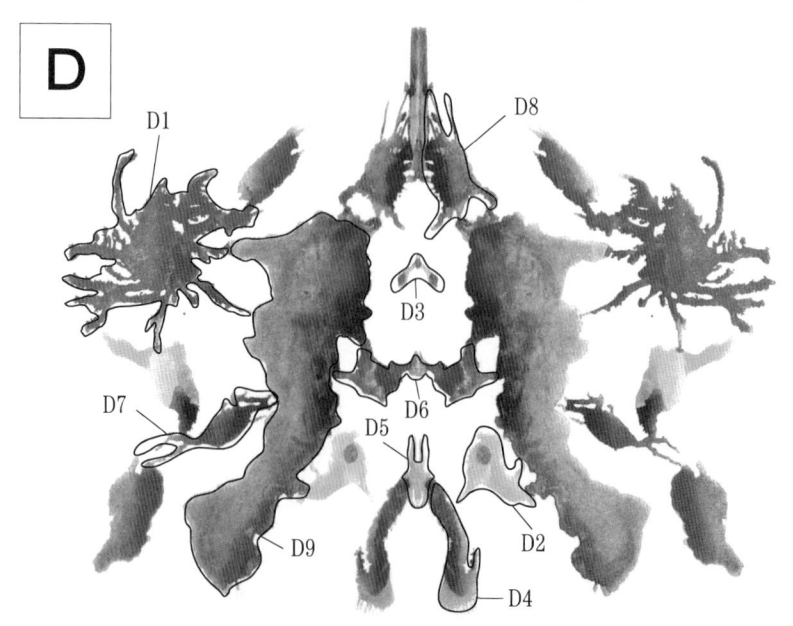

付　録　207

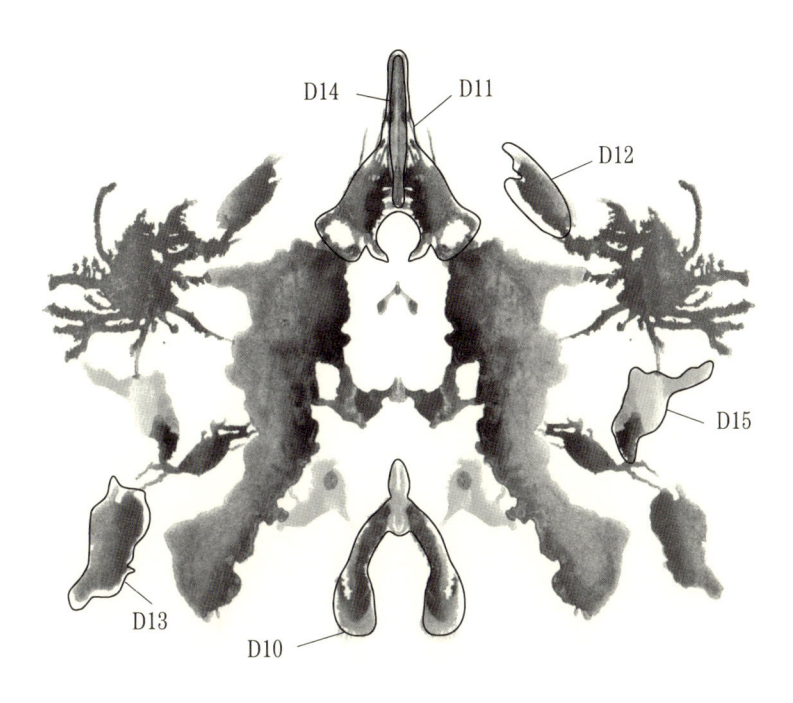

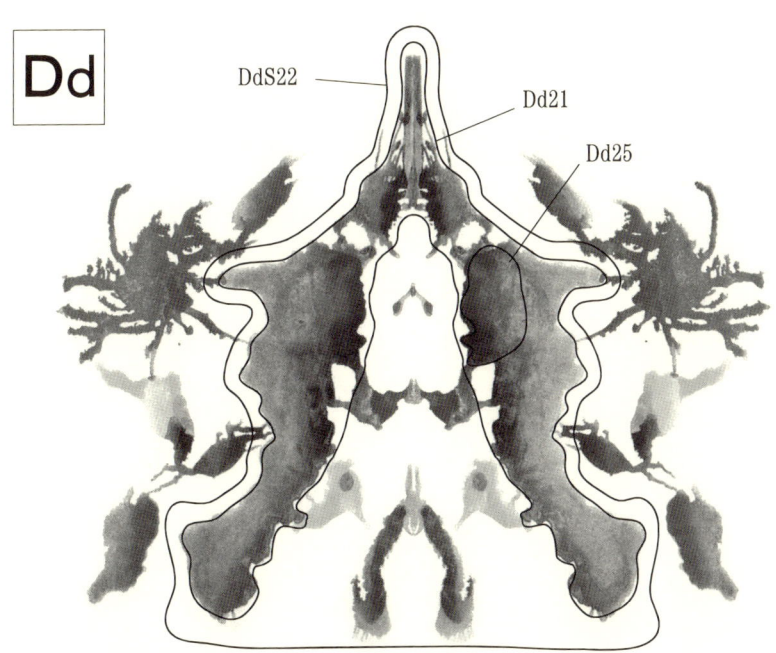

208

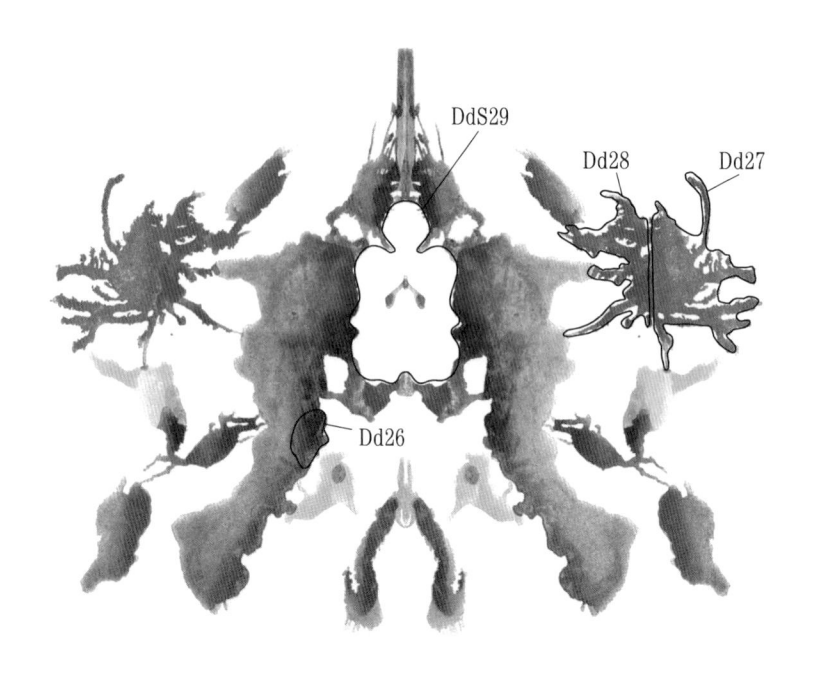

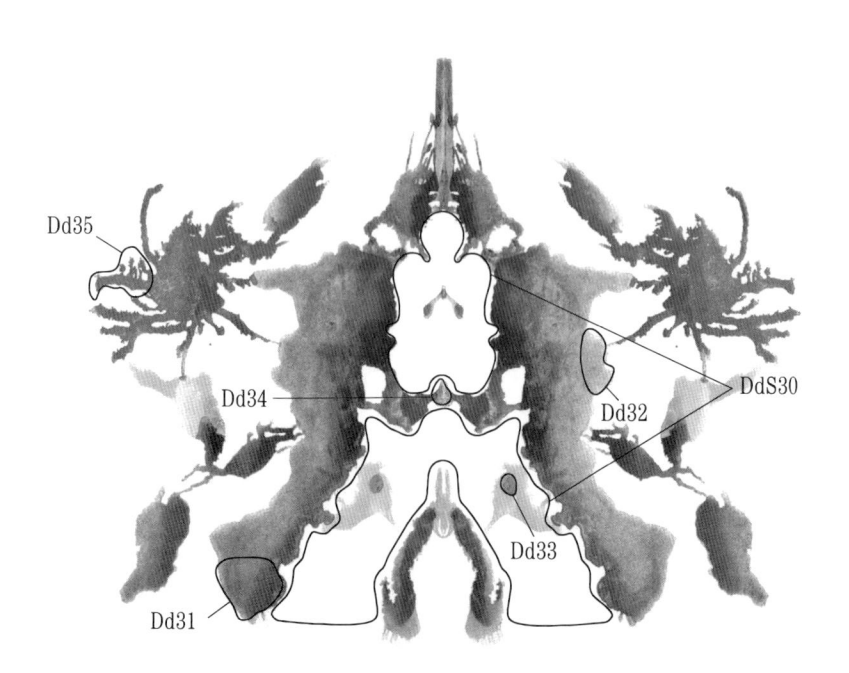

【練習問題3】(p.88) の領域図。

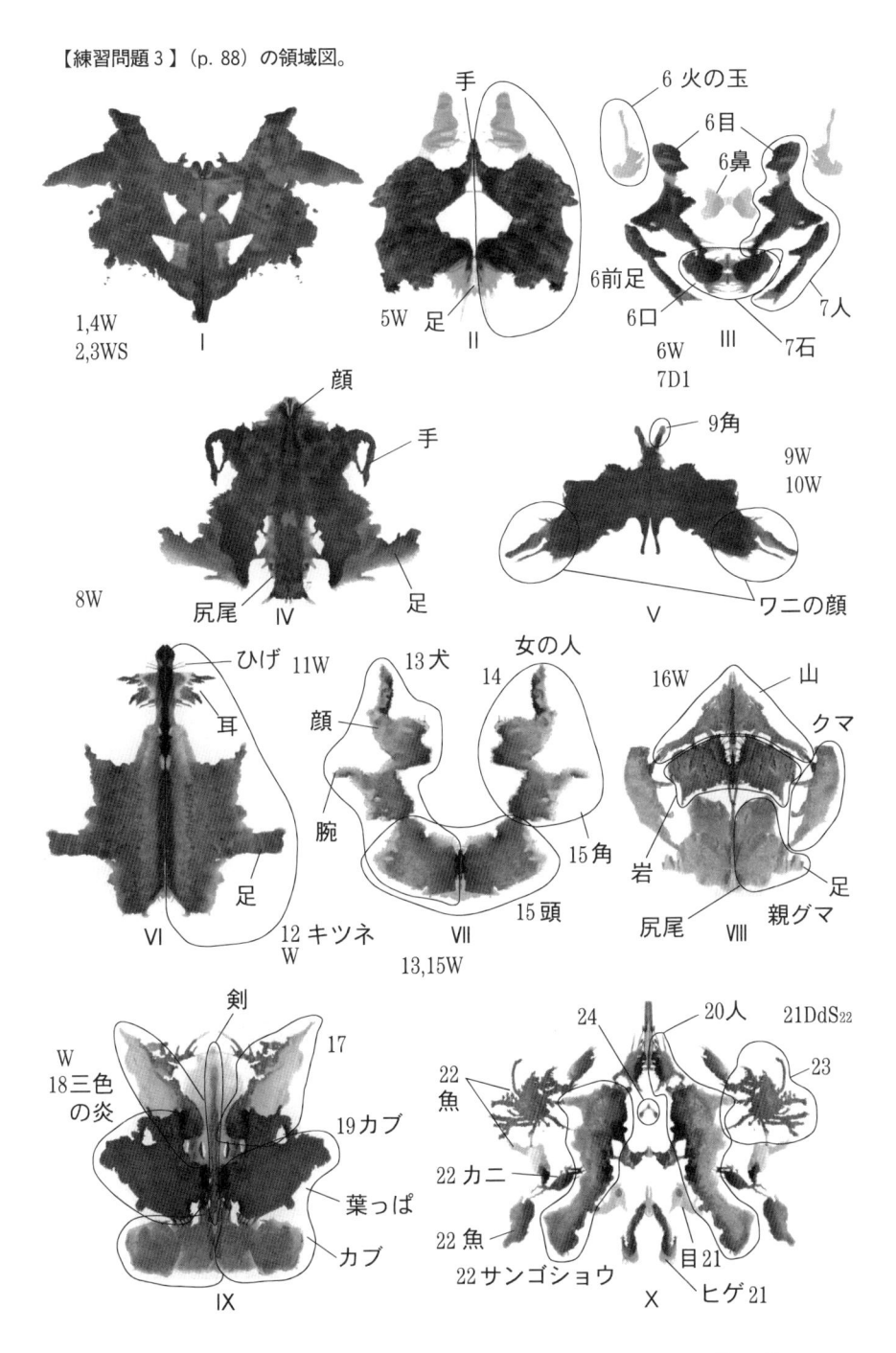

I 1,4W 2,3WS

II 手 5W 足

III 6 火の玉 6目 6鼻 6前足 6口 7人 7石 6W 7D1

IV 顔 手 尻尾 足 8W

V 9角 9W 10W ワニの顔

VI ひげ 耳 足 11W 12 キツネ W

VII 13犬 14 女の人 顔 腕 15角 15頭 13,15W

VIII 16W 山 クマ 岩 尻尾 足 親グマ

IX 剣 17 W 18 三色の炎 19カブ 葉っぱ カブ

X 24 20人 21DdS22 22魚 23 22カニ 22魚 22サンゴショウ 目21 ヒゲ21

付録 209

著者紹介

藤岡淳子（ふじおか　じゅんこ）

1979年　上智大学文学部卒業
1981年　上智大学大学院博士前期課程修了
1988年　南イリノイ大学大学院修士課程修了
　　　　府中刑務所首席矯正処遇官，
　　　　宇都宮少年鑑別所首席専門官，
　　　　多摩少年院教育調査官を経て，
現　在　大阪大学大学院人間科学研究科教授，臨床心理士
専　攻　心理学，司法行政学
著訳書　『非行少年の加害と被害──非行心理臨床の現場から』誠信書房　2001年，J・エクスナー『エクスナー法　ロールシャッハ解釈の基礎』岩崎学術出版社　1994年，生島他編『非行臨床の実践』金剛出版　1998年，藤森和美編『子どものトラウマと心のケア』誠信書房　1999年，馬場・福島・水島編『人格障害の心理療法』金子書房　2000年，藤森和美編『被害者のトラウマとその支援』誠信書房　2001年，『被害者と加害者の対話による回復を求めて』（編著）誠信書房　2005年，『性暴力の理解と治療教育』誠信書房　2006年，他

包括システムによるロールシャッハ臨床
──エクスナーの実践的応用

2004年5月25日　第1刷発行
2019年5月30日　第8刷発行

著　者	藤　岡　淳　子
発行者	柴　田　敏　樹
印刷者	西　澤　道　祐

発行所　株式会社　誠信書房
〒112-0012　東京都文京区大塚3-20-6
電話　03 (3946) 5666
http://www.seishinshobo.co.jp/

あづま堂印刷　清水製本所　　落丁・乱丁本はお取り替えいたします
検印省略　　無断で本書の一部または全部の複写・複製を禁じます
©Junko Fujioka, 2004　　　　　　　　　　　　Printed in Japan
ISBN978-4-414-40013-7 C3011

性問題行動・性犯罪の治療教育 [全3巻]

ティモシー・J.カーン著　藤岡淳子監訳

1　回復への道のり　親ガイド

性問題行動のある子どもをもつ親のために

わが子の性非行に悩む親に，早く治療を開始して親が協力すればほぼ再犯しないことを実例を挙げて紹介。認知行動療法に基づくプログラムを実践する。
A5判並製　定価(本体2400円+税)

主要目次
- 最初の反応——そしてどこに援助を求めるか
- アセスメント（評価）の過程を理解する
- 被害者支援と健全な環境作り
- これからどうなるの？　この問題はいつ終わるの？

2　回復への道のり　パスウェイズ

性問題行動のある思春期少年少女のために

性問題行動のある11歳から21歳の青少年を対象にしたワークブック。性非行を起こしてしまった子どもが，責任のある大人になれるように，将来性犯罪者にならないように願って作成されている。
B5判並製　定価(本体4600円+税)

主要目次
- 治療教育プロセスを始める
- 開示——自分がやったことをどう説明するか
- 性的な感情の適切なコントロールと表現
- 再発防止計画を作り，守る
- 性虐待と人生経験を理解すること
- 説明——ことを明らかにすること
- 性暴力加害者のための12ステップ

3　回復への道のり　ロードマップ

性問題行動のある児童および性問題行動のある知的障害をもつ少年少女のために

本書は6歳〜12歳の性非行のある子どもが対象である。セラピストの支援を受けながら，子どもがこの本のガイド（道路地図）に沿って読み進み，質問に答えていくワークブック形式。自分の行動パターンを変えて，健康な生活を送ることができるように工夫されている。
B5判並製　定価(本体4000円+税)

主要目次
- タッチの問題って何？
- あのときみたいな性的な気持になったらどうしよう？
- 特別な安全ルールと良い境界線であなたとほかの人を安全に
- どんなに人を傷つけたかを理解して悪いタッチを謝る
- 安全計画ブックを作って活用しよう